赛迪研究院研究丛书 2023

未来产业发展

全球模式与中国路径

彭 健 韩 健 等◎著

电子工业出版社
Publishing House of Electronics Industry
北京·BEIJING

内 容 简 介

本书聚焦未来产业，从其内涵、特征、发展动向及演进趋势、发展模式、成长性等维度展开深度剖析。本书从现在的视角，梳理了主要国家推动未来产业发展的战略举措；从过去的视角，系统归纳了全球未来产业的主要发展模式；从未来的视角，创新设计了未来产业成长性象限评估模型和指标体系。此外，本书以我国未来产业的发展为落脚点，结合我国实际和国外先进做法，提出了支撑我国未来产业高质量发展的路径建议。

本书既可以作为普通读者认识和了解未来产业的科普读物，也可以为研究机构开展未来产业发展研究提供参考。

未经许可，不得以任何方式复制或抄袭本书之部分或全部内容。
版权所有，侵权必究。

图书在版编目（CIP）数据

未来产业发展：全球模式与中国路径 / 彭健等著. —北京：电子工业出版社，2023.6
（赛迪研究院研究丛书. 2023）
ISBN 978-7-121-45799-9

Ⅰ. ①未… Ⅱ. ①彭… Ⅲ. ①产业发展－研究－中国 Ⅳ. ①F269.2

中国国家版本馆 CIP 数据核字（2023）第 108308 号

责任编辑：刘家彤　　　　　　特约编辑：田学清
印　　刷：北京捷迅佳彩印刷有限公司
装　　订：北京捷迅佳彩印刷有限公司
出版发行：电子工业出版社
　　　　　北京市海淀区万寿路 173 信箱　　邮编：100036
开　　本：720×1000　1/16　印张：8.75　字数：140 千字
版　　次：2023 年 6 月第 1 版
印　　次：2025 年 1 月第 8 次印刷
定　　价：69.00 元

凡所购买电子工业出版社图书有缺损问题，请向购买书店调换。若书店售缺，请与本社发行部联系，联系及邮购电话：（010）88254888，88258888。

质量投诉请发邮件至 zlts@phei.com.cn，盗版侵权举报请发邮件至 dbqq@phei.com.cn。
本书咨询联系方式：liujt@phei.com.cn。

赛迪研究院研究丛书
2023

编 委 会

主　编：张　立

副主编：刘文强　年宗庆　胡国栋　乔　标　张小燕
　　　　王世江　高炽扬　秦海林

编　委：王　乐　李宏伟　程　楠　何　颖　关　兵
　　　　韩　健　纪丽斌　杨柯巍　赵芸芸　李艺铭
　　　　邵立国　梁一新　彭　健　王伟玲　林佳欣
　　　　张昕嫱　曹　方　乔宝华　张文会　韩　力
　　　　曹慧莉　路煜恒　魏国旭

未来产业发展：全球模式与中国路径

课 题 组

课题负责人

彭　健　未来产业研究中心　副所长、副研究员

韩　健　未来产业研究中心　所长、副研究员

课题组成员

孙美玉　未来产业研究中心工程师

滕学强　未来产业研究中心高级工程师

钟新龙　未来产业研究中心工程师

周钰哲　未来产业研究中心副研究员

王聪聪　未来产业研究中心实习研究员

李雨凌　未来产业研究中心助理研究员

彭　璐　未来产业研究中心实习研究员

张　原　新型工业化研究所工程师

张百茵　科技与标准研究所科技政策研究室副主任、工程师

贾金刚　未来产业研究中心实习研究员

李雪霖　未来产业研究中心中级经济师

刘姝祎　未来产业研究中心中级经济师

渠延增　未来产业研究中心实习研究员

前言 | Foreword

自18世纪以来,每一百年左右发生一次科学革命、技术革命和工(产)业革命,目前以5G、物联网、大数据、机器人及人工智能为代表的数字技术所驱动的新一轮科技革命已拉开序幕,并带动科技和产业各领域实现加速变革。科学革命是技术革命的基础和前提,技术革命是工(产)业革命的基础和前提,即首先在基础科学研究理论领域取得突破,获得革命性的理论成果,然后在理论的指引下在应用科学、技术发明领域取得突破,最后实现新的工(产)业革命推动经济社会快速发展。纵观前三次工(产)业革命,基础科学研究、技术创新及其带来的新兴产业的发展都成为构建全球竞争力的关键。以科技和产业革命带来全球科技核心城市转移为例,自17世纪下半叶到20世纪、21世纪,受科技和产业革命推动,世界科技发展中心实现从意大利到英国、法国、德国、美国的转变。

当前,世界正经历百年未有之大变局,新一轮科技和产业革命加速发生,基于全球未来技术发展路径,未来产业体系正在加速形成。近年来,全球不少国家纷纷加强对人工智能、量子信息、生命科学等前沿领域的布局,未来产业已经成为许多国家和地区抢占全球科技创新制高点的重要途径。《中华人民共和国国民经济和社会发展第十四个五年规划和2035年远景目标纲要》强调要"前瞻谋划未来产业",要求"组织实施未来产业孵化与加速计划,谋划布局一批未来产业"。在此背景下,本书立足当前,梳理了美

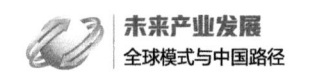

国、德国、法国、日本、韩国等主要国家布局发展未来产业的战略举措,从过去的视角系统归纳了全球未来产业的主要发展模式,创新性地评估了现阶段我国未来产业重点领域的成长性,并结合我国实际进一步提出了强引领、强生态、强要素、强示范、强人才、强合作等支撑我国未来产业高质量发展的路径建议。希望本书可以为相关部门和相关行业科学规划、合理布局未来产业提供有益参考。

目录 | Contents

第一章　未来产业概述 / 1

　　一、未来产业的内涵及特征 / 2

　　二、全球未来产业的发展动向及演进趋势 / 6

　　三、发展未来产业的重要意义 / 13

第二章　站在现在看未来：主要国家推动未来产业发展的战略举措 / 17

　　一、美国 / 18

　　二、德国 / 23

　　三、法国 / 27

　　四、日本 / 30

　　五、韩国 / 35

第三章　站在过去看未来：全球未来产业发展模式分析 / 39

　　一、未来产业发展模式探讨 / 40

　　二、政府主导资源配置的发展模式 / 48

　　三、市场主导资源配置的发展模式 / 53

　　四、政产学研联合发展模式 / 60

　　五、产业集群式发展模式 / 70

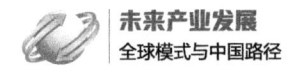

第四章　站在未来看未来：未来产业成长性评估分析 / 78

一、理论基础 / 79

二、未来产业成长性评估 / 84

第五章　我国未来产业发展现状及面临的形势 / 95

一、发展现状 / 96

二、面临的形势 / 108

第六章　多管齐下探索具有中国特色的未来产业高质量发展路径 / 114

一、强引领，强化国家层面顶层设计和整体统筹 / 115

二、强生态，构建多元参与、集聚共生的产业环境 / 117

三、强要素，建立与未来产业发展相适应的要素供给体系 / 119

四、强示范，以应用示范驱动技术和产业化升级 / 120

五、强人才，完善未来产业人才"引培用评"体系 / 122

六、强合作，构建国内国际双循环创新体系 / 123

附录A　未来产业成长性象限评估相关表格 / 126

第一章 | Chapter 1

未来产业概述

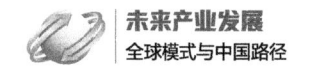

一、未来产业的内涵及特征

（一）未来产业的内涵

目前，未来产业尚处于萌芽期，国内外权威机构和学者对未来产业的概念和范围界定尚未达成一致意见，但总体来看，我们可从产业生命周期、技术创新驱动、产业细分领域、经济社会发展效益等维度对未来产业的内涵进行诠释。

从产业生命周期来看：①中国社会科学院工业经济研究所有关研究认为，未来产业是指由处于探索期的前沿技术所推动、以满足经济社会不断升级的需求为目标、代表科技和产业长期发展方向，会在未来发展成熟和实现产业转化并形成对国民经济的重要支撑和巨大带动，但当前尚处于孕育孵化阶段的新兴产业，同时伴随不同具体产业在萌芽、成长、成熟及衰退等生命周期的进程变化，未来产业将依次发展为战略性新兴产业、主导产业和支柱产业[1]；②中国宏观经济研究院决策咨询部有关研究认为，未来产业主要处于技术进步 S 形曲线的第一阶段和产业生命周期的初创孕育期，从发现、培育到产业化是一个较为漫长的过程，需要经过技术发展周期理论中的多个阶段，一般需要 5 年至 10 年的时间，甚至有的超过 20 年，产业培育周期较长。

从技术创新驱动来看：①《未来产业：塑造未来世界的决定性力量》一

---

[1] 李晓华，王怡帆. 未来产业的演化机制与产业政策选择[J]. 改革，2021（2）：54-68.

书中提出,"未来产业"是一个关于未来发展方向的总体布局,它高度依赖基础理论研究和原始创新,通过颠覆性技术创新引发新的产业变革,能够对经济社会发挥全局带动和重大引领作用;②浙江省国有资本运营有限公司国资研究院认为,未来产业是指由重要科学发现或重大技术突破形成的对经济社会发展起支撑性、引领性作用,当前处于萌芽期的产业。

从产业细分领域来看:①《中华人民共和国国民经济和社会发展第十四个五年规划和 2035 年远景目标纲要》(简称"十四五"规划)中提出,在类脑智能、量子信息、基因技术、未来网络、深海空天开发、氢能与储能等前沿科技和产业变革领域,组织实施未来产业孵化与加速计划,谋划布局一批未来产业;②美国白宫科技政策办公室认为,未来产业包括人工智能(AI)、量子信息科学(QIS)、先进通信、先进制造和生物技术等能够带来行业革命性、颠覆性变化的领域,这些产业的发展将为解决行业难题提供新的方法、技术和工具等,为美国在全球相关行业中处于领先地位提供保障;③日本将氢能源、类脑智能、量子信息、生物技术、深海空天等上升到国家顶层设计及战略部署方面,制定了一系列战略政策文件,持续开展技术创新并取得了积极成果。

从经济社会发展效益来看:①中国科学院科技战略咨询研究院认为,未来产业和战略性新兴产业息息相关,都是重大科技创新产业化后形成的、代表未来科技和产业发展新方向、对经济社会具有支撑带动和引领作用的前瞻性产业;②俄罗斯有关专家认为,未来产业应符合一些标准——市场规模在 2035 年超过 1000 亿美元,目前市场上还没有公认的或既定的技术标准,主要满足最终消费者的需求,对加强国家安全和提高生活质量具有重要意义,俄罗斯有条件获得竞争优势并占据一定市场份额,俄罗斯的技术型企业家希

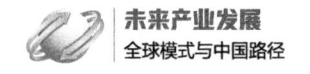

望在此类高技术新市场创建领先企业。

基于上述国内外研究机构、政府部门和学者的观点，结合对未来产业的研究和认识，我们认为，未来产业是发展成熟度相对较低，发展潜能极大，对基础研究、原始创新和颠覆性创新的依赖度高，涵盖信息技术、先进制造、生命健康、深海空天、能源环境、新型材料等领域，通过长期培育，在未来5~10年内梯次产业化，10~15年内有望成为战略性新兴产业中坚力量，对产业转型升级和经济社会可持续发展具有重要引领作用，代表未来科技和产业发展新方向的前沿产业。

（二）未来产业的特征

未来产业在国民经济中具有重要的战略地位，未来产业的兴衰关系到未来国家或地区的经济命脉和产业安全，其必然是科技含量高、产业关联广、市场空间大、节能减排领先的潜在朝阳产业，是前沿科技、颠覆性技术和新兴产业的深度融合，代表全球科技和产业发展的最新趋势及方向，具备以下特征。

1. 前瞻性

发展未来产业需要瞄准世界科技前沿和趋势变革领域，找准重点和关键环节，开展重大、基础及前瞻性科学问题研究，探索未来产业的新业态和新模式，谋划和抢占未来产业发展先机与新赛道。

2. 引领性

发展未来产业能够把握国际科技创新的广泛共识方向，统筹开展战略布局、技术创新和产业培育等工作，加快促进经济发展"新格局"构建，全面引领、带动国家乃至全球经济发展新方向。

3．突破性

未来产业尚处于萌芽或孕育阶段，伴随多个前沿科技领域实现关键核心技术新突破，有望在未来的某个时期迎来高速增长，从而成为对国民经济具有较强带动作用的主导产业。

4．融合性

未来产业具有多领域相互交叉的特点，呈现极强的产业关联性。当一种产业发展时，可以带动与它直接或间接关联的产业的迅速发展，从而促进整个经济社会全面进步。

5．阶段性

业界普遍认为未来产业是一个动态的、阶段性的概念：结合产业生命周期曲线，一种产业在萌芽期或特定阶段被定义为未来产业；随后伴随技术创新，该产业可能不断发展成熟转变为战略性新兴产业，可能被历史所淘汰；一批前沿技术及产业不断涌现，成为新的未来产业。

6．不确定性

未来产业的发展需要颠覆性技术的推动，而技术突破存在多种可能性（如高风险性），导致未来产业的发展具有很大的不确定性。一旦技术创新停滞，就会导致未来产业发展无法进入实质阶段。

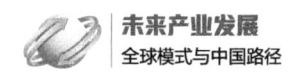

二、全球未来产业的发展动向及演进趋势

（一）全球未来产业的发展动向

1. 颠覆性研究集群式、融合式创新加速，不断催生新的未来产业发展方向

一是基础研究突破为未来产业发展奠定基础。在基本粒子研究方面，美国费米国家加速器实验室和中国科学家联合进行缪子反常磁矩实验，以前所未有的测量精度，揭示缪子的行为与标准模型理论预测不相符，为新物理的存在提供了强有力的证据；在量子领域，美国国家标准与技术研究院（NIST）的研究团队使用微波脉冲让两张小的铝片膜进入量子纠缠状态，发现了宏观物体量子纠缠的直接证据，有助于进行量子网络、暗物质及引力波的研究；在新材料领域，美国研发出一种富含纳米颗粒的新型碳纤维增强复合材料 ZT-CFRP，这种材料不但比铝轻、比钢更坚固，而且与传统的碳纤维增强复合材料相比，不容易受到机械冲击破坏的影响，未来应用前景广阔。二是应用技术创新进一步推动未来产业发展。美国研究人员利用人工智能和进化分析，构建出真核生物蛋白相互作用的三维模型，将生物信息学和生物学结合在一起的相互作用进一步深化。星链（Starlink）可以轻量级地替代部分"地面光纤"传输网络通道，天地一体化信息网络进入新的发展阶段。哈佛大学和麻省理工学院开发出可编程量子模拟器，这种可编程量子模拟器能运行 256 个量子比特，助力科学家在材料科学、通信技术等领域实现重大突破。三是以元宇宙、人工智能、卫星互联网等为代表的未来产业变革加速演进。2021 年，"元宇宙"的概念席卷全球，国内外

科技巨头加快布局,在虚拟现实/增强现实(VR/AR)、区块链、物联网等数字技术的推动下,元宇宙产业将呈现高速增长态势;算法、算力和数据是人工智能发展的核心驱动要素,随着超大规模预训练模型的不断成熟、单点算力的持续提升,以及数据规模化、精细化和定制化的深入发展,人工智能产业不断发展壮大;很多国家高度重视太空领域的技术竞赛和战略布局,以星链为代表的低轨卫星互联网发展迅速,随着在轨卫星数量不断增多、卫星网络覆盖不断完善、用户群体不断壮大,卫星互联网上下游产业链将迎来新的发展高潮;"双碳"目标倒逼能源革命,加速第四代高温气冷堆核电项目实现并网发电,氢能产业启动。

2. 新冠疫情、数字鸿沟、气候变化等问题客观上加快了未来产业培育的步伐

新冠疫情客观上推动了生物医药技术创新和产业快速发展,以新冠疫苗为代表的生物医药产品在应对新冠疫情方面发挥了巨大作用,疫苗、血液制品、单克隆抗体、基因工程药物、体外诊断等多个领域都取得了显著的发展成效。其中,mRNA 疫苗、人工智能辅助药物研发、数字化医疗等加速了技术创新和产业化的步伐,成为生物医药产业发展中的重大历史机遇。**数字鸿沟**[①]是在全球数字化进程中,不同国家、地区、行业、企业、社区之间,由对数字技术和信息基础设施的拥有程度、应用程度及创新能力不同而造成的信息落差及贫富进一步两极分化的趋势。为了弥合数字鸿沟,全球主要国家和地区一方面加快部署诸如低轨宽带互联网星座系统等新型数

---

① 1999 年,在《在网络中落伍:定义数字鸿沟》报告中,美国国家远程通信和信息管理局提出了"数字鸿沟"的概念。

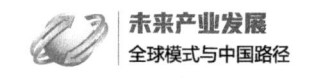

字基础设施,为偏远地区提供成本可控、持续稳定的互联网接入方式,解决上网通道的基础性问题;另一方面加大5G网络的建设,通过提高数据传输速度、减少延迟、增加连接数量,为生产制造、交通运输、医疗健康等领域提供改善性的网络支撑,拓展了应用场景。此外,我国为了应对人口老龄化的长期趋势和重大挑战,以解决老年人运用智能技术产品为突破口,通过技术创新,开发了丰富的智能化适老产品和服务,促进了智能技术在老年人群中的有效推广及应用,形成了新的产业驱动力。**气候变化**带来的影响及风险成为近年来绝大部分国家和地区关注的重点。全球变暖主要是因为工(产)业革命以来人类对化石能源的大量使用,大规模制造、房屋基建等行为排放了大量的温室气体(二氧化碳、甲烷等)。为了实现"碳中和"目标,全球范围内的能源转型正在加速进行,以氢能为代表的新型清洁能源将在未来社会能源供给中占据更大比例,同时蕴藏着巨大的投资机遇。近几年,氢能已受到各国政府的关注,中国、美国、日本、法国、英国、德国等国家已经将氢能提升到国家能源战略高度,陆续出台各种级别的政策文件,加快氢能技术创新和产业发展的进程。

3. 未来产业成为大国博弈的新赛道,全球主要国家和组织聚焦关键领域,抢占竞争制高点

为了把握产业变革的时间窗口、培育产业发展的新生驱动力,全球主要国家和组织均在持续优化顶层设计及战略布局,力图打造面向未来产业的科技发展先发优势。2022年2月,**美国**国家科学技术委员会(NSTC)发布了新版关键和新兴技术(Critical and Emerging Technologies,CETs)清单。此清单以美国2020年《关键和新兴技术国家战略》为基础,对其中的关键和新兴技术领域列表做了更新和调整，并具体列出了各领域内的核心技术子领域清单；2022 财年美国《政府研发预算优先事项》中提出，要大力支持国家安全、未来工业、能源环境、空天科技等领域的基础和应用研究。**欧盟**于 2020 年 3 月发布《欧洲新工业战略》，支持发展对欧洲未来工业有重要战略意义的关键使能技术：机器人技术、微电子技术、高性能计算和量子科技、生物医学、纳米技术、制药、先进材料和技术等，以增强欧盟在全球产业竞赛中的竞争力和地缘政治角逐中的战略自主性。**日本**政府于 2021 年发布《第六期科学技术创新基本计划》，提出要激发研究学者的内在动力，不断产出新知识、新技术，建立面向解决社会问题的综合知识系统。2022 年 3 月，日本宣称，将制定一项国家战略，通过政府部门和私企合作，大力促进量子技术和人工智能的发展。**中国**在"十四五"规划中明确提出，在一些前沿科技和产业变革领域，谋划布局一批未来产业。

4．坚持发展与规范并重，对未来产业相关领域进行合理化规制、设定红线已成共识

以人工智能产业发展为例，由人工智能技术在各领域的融合所产生的伦理风险、隐私泄露、数据安全等一系列问题，逐渐成为各国家和地区制定相关政策文件的重要考虑内容。**在国际组织层面**，2021 年，联合国教育、科学及文化组织（UNESCO）发布了人工智能伦理领域的首份全球性规范文件——《人工智能伦理问题建议书》，为进一步形成与人工智能伦理有关的国际标准和国际规则奠定了基础。**在国家和地区层面**，美国通过了《2021 年国家人工智能倡议法案》，成立了国家人工智能倡议办公室，美国政府问责局、美国联邦贸易委员会、美国平等就业机会委员会等部门发布了诸多

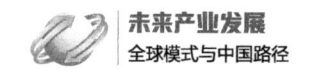

文件，旨在对算法治理、算法决策、劳动力保障等提供指导。**欧盟**从《通用数据保护条例》（GDPR）开始，陆续在数据治理、算法治理等特定领域出台相关法律法规，并且持续开展关于人工智能规则制定的研究。2021年，欧盟提出《人工智能法案》提案，聚焦保护社会各方隐私安全和基本权利，推动建立关于人工智能技术的统一规则。**中国**在2021年颁布了《中华人民共和国数据安全法》《中华人民共和国个人信息保护法》等与人工智能相关的法律法规，并且发布了《关于加强互联网信息服务算法综合治理的指导意见》《互联网信息服务算法推荐管理规定》等，对如何平衡好大数据应用、算法推荐等技术的创新发展与安全风险做了重要的制度性安排。此外，在生命科学领域，2021年，世界卫生组织（WHO）发布《人类基因组编辑管治框架》和《人类基因组编辑建议》，首次提出将人类基因编辑作为公共卫生工具的全球建议，并论证了其安全性、有效性和伦理问题。同年，中国起草了《涉及人的生命科学和医学研究伦理审查办法（征求意见稿）》，将适用对象由生物医学研究扩展至生命科学和医学研究，强调人的尊严、隐私保护，强化知情同意。

（二）全球未来产业的演进趋势

1. 智能、低碳、健康是未来产业布局的重要方向，信息、新能源、生物等将成为许多国家聚焦的主要领域

发展未来产业从根本上来说是为了更好地服务人类，其中智能、低碳、健康是人类追求的长远目标。人类要想获得更智能的生活，需要传感、连接、计算等信息技术进一步打通原子世界和比特世界的壁垒，人工智能、卫星互联网、量子信息、先进计算、人机交互等领域的新变革有望重塑信息基础设施，全面提升智能化程度。低碳是一种以低耗能、低污染、低排放为特征的可持续发展模式，对人类社会的可持续发展具有重要意义[①]。以可再生能源、先进核能、氢能、储能技术为代表的碳零排关键技术是实现碳中和的关键抓手，是建设低碳绿色能源体系、实现碳中和目标的核心工作，也将是未来一段时间全球技术创新和产业变革的焦点之一。随着现代生命科学的快速发展，高通量测序、基因组编辑和生物信息分析等现代生物技术与新一代信息、新材料、新能源等加速融合发展，技术创新与产业化进程加速推进。新冠疫情对生物经济时代的到来产生了一定的影响，生物、信息、物质跨界大融合，未来医学、生物医药、未来医院、生物信息学、疫苗研发、基因技术等将是各国布局的重点。

2. 各国政府将出台更有力的产业政策，持续推动本国未来产业加速发展

新一轮科技革命迎来多点爆发式发展，以人工智能、区块链、量子技术、空天信息、绿色低碳等为代表的前沿技术和未来产业加速发展，有望形成全球经济新的增长极，并驱动经济社会变革式发展。为对冲新冠疫情、俄乌冲突等多重因素造成的不利影响，世界各国除采用短期刺激经济的手段之外，均在长远布局经济增长新动能。随着国际形势的改变，国家主导的产业政策在各国政府中的地位和作用进一步凸显，政府在推动产业发展中的角色正在不断转变，政府与市场的关系也在发生变化。基于此，美国、德国、日本、韩国等发达国家政府高度重视产业政策的作用，不断强化产业政策工具的使用，特别是聚焦前沿技术和未来产业发力，国家对市场的干预趋于增强。预

---

① 蔡松锋. 符合低碳发展的产业结构优化是大势所趋[EB/OL]（2014-11-19）.

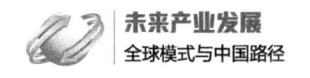

计，与产业政策紧密相关的国家安全政策、国内市场监管、国际经贸规则等也将随之发生变革。

3. 国际环境日趋复杂严峻，保护主义和单边主义抬头为未来产业全球化发展增加了不确定性

面对日趋复杂严峻的国际环境，单独国家和小范围区域团体利益最大化的趋势明显，将进一步激化保护主义和单边主义在全球特别是在一些西方国家的再回归势头。例如，拜登上台后并未回归经济自由主义的全球化秩序，而是采取了"购买美国货"、加强技术出口管制、加大制造业回流支持力度、确保国内产业链供应链安全等一系列政策；欧盟一再强调要在经济、技术和产业领域掌握独立自主权，2020年以来颁布了涵盖产业战略、贸易政策、金融架构等领域的全方位政策体系。此外，新兴国家也进一步把握"弯道超车"机遇，大力布局发展未来产业，并由寻求单项突破转向整体提升，摆脱全球价值链的"低端锁定"和"高端钳制"。未来一段时间，很多国家在未来网络、量子信息、人工智能、深海空天等领域的竞争将进一步加剧，可能形成科技、人才、金融等要素流动的断点，会对未来产业全球化发展产生重要影响。

4. 技术与技术、技术与产业、产业与产业之间加速融合，形成未来产业发展的重要范式

未来产业本身就是技术与技术、技术与产业、产业与产业之间深度融合的产物。从技术与技术融合的视角看，新一轮科技和产业革命的发展重点聚焦多学科、多技术的交叉融合，而非单一技术或者学科。例如，新一代信息技术与新能源、新材料、生命健康等持续创新融合，将创造出融合多领域先

进技术的系统化、集成化新产品。从技术与产业融合的视角看，5G、工业互联网、人工智能、区块链等数字技术推动经济社会发展，各领域加快数字化、网络化、智能化转型升级，在传统产业"未来化"跃升中可能衍生出新的未来产业。例如，5G与垂直行业深度融合，已经催生出多种新业态。从产业与产业融合的视角看，通过促进未来产业与优势传统产业深度融合，实现产业链上下游协同联动，以点带面锻长板、补短板，从而不断催生新的增长点。例如，新一代人工智能、先进通信及计算、机器人等技术与医疗器械产业加速融合创新，不断研发手术机器人、人工智能支架等具有新功能的产品，加速推动新一代医疗器械产业发展。

三、发展未来产业的重要意义

（一）助力我国抢占全球领导权的制高点

全球科技创新进入密集活跃期，未来产业已成为各国抢占经济制高点和全球话语权的新焦点。纵观前三次工（产）业革命，基础科学研究、技术创新及其带来的新兴产业的发展都成为构建全球竞争力的关键，甚至成为重构世界经济版图和政治格局的重要因素。2022年，为应对复苏经济的紧迫需求，世界各国纷纷加速布局未来产业，加大创新投入，抢抓发展先机，未来产业已成为衡量一个国家科技创新和综合实力的主要标志。近年来，我国在超大规模市场、新经济发展、新型举国体制方面具有明显优势，经过长期努力，在量子通信、计算机视觉、超级计算等领域都取得一系列亮眼成果，未来产业是我国能够和全球创新保持同步甚至实现赶超的重要抓手。加快推进战略

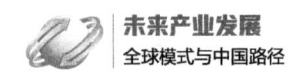

性新兴产业、未来产业,在全球竞争格局中走出中国特色的未来产业发展之路,必将赢得更大的发展主动权。

(二)引领和带动经济社会高质量发展

当前,我国经济已由高速增长阶段转向创新驱动高质量发展阶段,加强前瞻部署和发展未来产业成为实现经济社会高质量发展的迫切需要。未来产业是在科技创新范式变革下,依托重大、颠覆性科技的突破和产业化,引领新应用场景、新消费需求及新产业模式的产物,能带来新技术、新产业投资的新机遇,形成消费产品结构升级和适应全球化变革、国际贸易产业升级的新经济。例如,量子计算在加速新药研发、加速破解加密算法及金融发展等方面释放巨大算力;量子通信在国民经济和国防建设各领域取得系列突破,在自身孕育未来产业的同时,推动其他相关产业的发展;未来网络技术、光电子技术、人工智能等会对经济和军事等产生影响。系统谋划布局、加快培育和发展未来产业,能够进一步探索我国未来前沿技术创新和产业化落地的新型路径转轨与发展模式,推动未来产业的根本性变革。

(三)加快产业转型升级,助力实现"双碳"目标

2020年,我国正式提出"二氧化碳排放力争于2030年前达到峰值,努力争取2060年前实现碳中和"目标。当前,世界各国把氢能源等作为未来产业发展的一部分,依托绿色能源结构,通过低碳技术创新解决能源不足和气候变化问题。"十四五"规划提出,在氢能与储能等前沿科技和产业变革领域,组织实施未来产业孵化与加工计划,谋划布局一批未来产业。这进一步

明确了氢能产业等在我国能源绿色低碳转型中的战略定位，全面推进我国能源结构调整。由此可见，未来产业作为拥有低碳技术支撑的典型代表，在加快构建绿色低碳、安全高效的产业发展体系过程中具有重要的战略地位，发展未来产业是加快推动我国产业向高级化转变、助力早日实现"双碳"目标的重要途径。

（四）有助于实现创新驱动经济内生增长

随着知识的深度交叉、融合和渗透，技术创新路径由"梯次渐进"向"连锁核爆"模式转变。未来产业基于颠覆性技术，将加快推动不同技术、不同产业链在不同行业领域应用中重新组合，形成一系列新业态、新模式，进而构建跨界融通新模式，引领生产生活方式发生重大变化，对经济发展产生强大的内在创新驱动力。例如，基因技术有望颠覆现代医院模式，重塑未来医疗产业；类脑芯片可能彻底打破人类大脑与机器之间的界限；超算、智算等可为下一代空天和交通装备设计提供新型计算支撑。同时，培育并发展未来产业，强化新一代基础产品保障能力，全力支撑新型工业化建设，是关系我国构建现代化产业体系的重大问题，也是完善以国内大循环为主体的关键内容。综上可见，未来产业能够引领新兴产业的发展方向，催生新技术、新产业、新业态、新模式，打造新的经济增长极。

（五）满足社会消费需求，提高人民生活质量

未来产业发展的重要目标是以重大技术创新引领产业发展，同时注重需求侧管理，深化供给侧结构性改革，补齐关键及核心技术短板，不断提升

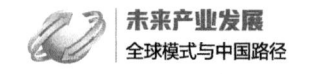

创新供给能力，满足未来社会各类群体的新型消费需求，真正实现人民对美好生活的追求。基于此，未来产业将朝着泛在智能、绿色低碳、健康宜人等方向发展，加速向民众生活、经营管理等领域渗透。例如，人工智能与虚拟现实技术相结合，为新型数字医疗、适老化贴心服务等提供支持性环境；在新冠疫情持续冲击的背景下，在线办公、远程医疗、在线教育等加速崛起；生产场景的机器人等得到快速普及，社会智能化、数字化水平快速提升；生物医药产业提速升级，人工智能等新技术应用到临床诊疗、疾病预防领域，新药研发、医疗器械和第三方诊疗等扩容发展。由此可见，发展未来产业既能应对人民消费需求升级，又与"以人为本"的科学发展观一脉相承，能满足人民的精神文化需求，全面提高人民的生活质量。

第二章 | Chapter 2

站在现在看未来：主要国家推动未来产业发展的战略举措

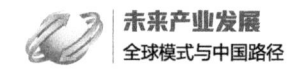

放眼全球，尽管目前未来产业的发展整体仍然处于起步阶段，但全球主要国家和地区已经纷纷依托自身主导产业、战略性新兴产业及前沿优势技术，开展未来产业的相关布局。聚焦现在，全球主要国家和地区在未来产业培育与发展举措方面，一是延续其前期成功的产业发展举措，并在近年来进一步加强有关措施，二是不断探索新的未来产业发展的具体方法。基于此，本章立足当前，以全球主要发达国家为维度，分析梳理现阶段各主要国家在推动未来产业发展中的一些战略举措和具体做法。

一、美国

（一）以国家战略和政策牵引未来产业发展

美国政府相关部门通过出台一系列面向未来技术和产业的法案、战略规划、报告等文件，积极进行国家战略层面的前瞻布局，并及时对战略规划进行定期评估，为发展未来产业指明道路。2018年，美国白宫科技政策办公室（OSTP）与国家科学技术委员会发布《量子信息科学国家战略概述》，号召以举国之力加快量子基础科学技术的研究以取得重大突破。2019年，美国白宫科技政策办公室发布《美国将主导未来产业》报告，该报告将发展未来产业明确列为美国国家战略，并将新兴技术作为未来产业的技术内核。2020年，美国参议院发布《2020年未来产业法案》，目的是保障美国在人工智能、先进制造、量子计算和下一代无线网络等未来新技术领域的领导地位。美国国家科学委员会（NSB）发布的《美国国家科学委员会：2030愿景》报告提出保持关键技术优势的发展策略，并规划了未来 10 年科技政策和基础研究的方向。美国白宫科技政策办公室发布《"美国人工智能计划"：首份年度报告》，总结了美国将人工智能的发展作为国家战略的推进情况。美国国防部发布《电磁频谱优势战略》，该战略提出要继续保持美国在无线通信领域的领导地位，并支撑国家 5G 产业的发展。美国能源部发布《氢能计划发展规划》，提出未来 10 年及更长时间的国家氢能战略，支持以绿氢技术为主的氢能产业技术创新，推动绿色低碳产业发展。2021 年，美国推出《无尽前沿法案》新版本，该法案提出在人工智能、量子计算、半导体等十大未来科技领域加大投入，促进科技创新。白宫科技政策办公室与国家纳米技术协调办公室（NNCO）联合发布《国家纳米技术计划（NNI）战略规划》，以确保美国在纳米技术领域的全球竞争力。2022 年 8 月，美国总统拜登提出，除对本土芯片产业提供巨额补贴支持外，还采取多项措施加大对科学和工程领域的投入，进一步专注半导体、先进计算、先进通信、先进能源、量子信息、生物技术等未来产业的发展。

（二）设立专门研究机构整合未来产业创新链

美国面向人工智能、量子科技、未来医学、先进制造等未来产业发展需求，建立了产学研深度协同创新模式，通过新建或重构研发机构、打造贯穿协同创新链条的网络组织等方式，探索支持未来产业发展的新型研发生产和组织管理模式。一是建立跨机构新型研究所。2021 年 1 月，美国总统科技顾问委员会（PCAST）在《未来产业研究所：美国科学与技术领导力的新模式》报告中提出，建立一个多部门参与、公私共建、多元投资、市场化运营的未

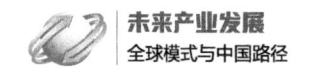

来产业研究所（Industries of the Future Institutes），该研究所具有独特的组织模式和管理机制，其建设目标是促进从基础研究、应用研究到新技术产业化的创新链全流程整合，推进交叉领域创新和效率提升。此外，为保持美国在未来产业的优势，美国参议院提出重构科技创新转化机构，除面向基础科学研究的国家科学基金会（NSF）外，新成立国家技术基金会（NTF），以政府主导、公私联合的方式推进未来科技领域中度成熟技术的应用研究。美国能源部量子科学与工程类研究中心、美国国家科学基金会人工智能研究所等机构，也都是由跨学科、跨机构的研究团队组成的新型研究所。二是打造贯通创新链和创新网络的合作模式。在创新链条方面，除未来产业研究所外，美国还提出建立新的半导体先进制造研究院，贯穿芯片技能培训、研发、生产制造等全创新产业链条。在创新网络方面，政府部门与工业界、学术界建立了新型协同创新伙伴关系，由政府相关部门提供种子基金，州政府提供土地，联邦实验室提供科研基础设施，高校提供科研人员，企业提供信息数据等资源，各主体优势资源得以汇聚，聚焦未来产业细分领域，集中力量探索突破。

（三）通过建立多种投资体系促进未来产业发展

美国通过税收、补贴等优惠政策，以及专项投资、吸收社会资本、政府采购等多元化的资金投入和引导方式，支持企业开展突破性技术创新与应用，促进企业向未来技术转型升级。一是政府制定企业税收和补助金组合优惠政策。2020年12月，美国国会通过2021财年《国防授权法案》（NDAA），该法案包括"为美国半导体生产创造有益的激励措施"（XCIX），授权建立联邦激励措施，以促进半导体制造和半导体研发的联邦投资。该激励措施计划为先进半导体研发制造、半导体标准制定、半导体基础研究等企业减免150

亿美元税收。美国国家科学基金会提出关于未来制造业重点支持领域的种子补助金和研究补助金两种资助类型,预计资助 25 个项目。二是政府对面向未来的直接专项投资。在 2021 财年和 2022 财年的美国政府研发预算备忘录中,均提出保持美国在未来产业上的领先地位。拜登政府在《美国就业计划》中提出,投资 1800 亿美元提升美国在人工智能、生物科技、半导体、先进计算、通信技术和清洁能源等关键技术领域的领导地位,并升级全国各地实验室的研究基础设施,投入 150 亿美元建立 200 多个英才中心,为各类人才提供培训和教育机会,目的是培养未来的劳动力。《NSF 未来法案》计划向未来产业投资 726 亿美元。《无尽前沿法案》计划投资 1000 亿美元发展与未来产业相关的新兴技术群。三是未来技术、产业项目吸收市场资本和社会资本。一些平台化大企业通过建立未来实验室、举办前沿技术大奖赛的形式对未来技术和产业项目进行征集及给予奖金支持,鼓励广泛的社会面参与。美国国家科学基金会、美国能源部和知名科技公司于 2020 年宣布将在 5 年内投资 10 亿美元,支持建立人工智能和量子信息科学等 12 家研发机构。美国未来产业研究所的资金来源将呈现阶段性特点,初始阶段依托多个联邦政府部门的预算,联合建立"种子基金",以撬动社会投资,随着运行模式和商业模式逐渐成熟,联邦资金逐渐退出,市场资本和社会资本将占主导地位。四是政府需求侧的直接采购。美国政府会根据自身需求直接购买未来技术企业的相关服务,如中央情报局购买 DARPA、In-QTel 等研发机构和科技企业的最新信息技术服务,以提高人工智能的情报分析能力。

(四)重视未来学普及和科学技术人才引育

美国十分注重未来学(Futurology)普及、未来学人才和同产业相关的技

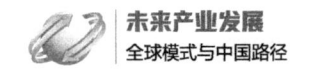

能型人才的引育（引进和培育），并率先进行未来学商业化，促使一批兼具技术素养、分析能力和媒体影响力的未来学家成为未来产业的先驱。在未来学普及方面，许多高新技术企业面向学生提供各类科普素材。例如，英特尔公司设有"明日计划"，为青少年提供有关未来研究的在线视频等，并为开设未来学课程的学校提供教学素材。在未来学人才培育方面，政府机构、高校和企业纷纷建立未来研究中心，汇聚未来学知名讲师、资本、科技企业、政府资源，开展未来学教学或为学生提供项目支持。例如，夏威夷大学马诺阿分校设立了夏威夷未来研究中心，得克萨斯州休斯敦大学开设了未来学硕士学位课程，谷歌与美国国家航空航天局（NASA）合作开办了培养未来科学家的奇点大学，主要招收科技创业者，孵化未来研究项目。在未来产业技能人才引育方面，美国建设 STEM（科学、技术、工程和数学教育）再培训委员会，目的是增强对未来研究人才及技术劳动力的引育。在未来学商业化方面，20 世纪 50 年代，美国有一大批自然科学家开始关注未来学，即包括科技、人口、环境在内的综合性未来研究，各种未来学、未来预测的商业咨询公司（如兰德公司等）随之崛起。在未来学商业化进程中，涌现了一批具有技术领域、分析演绎、演讲宣传等多元背景的未来学家。近年来，很多未来学家除打造自己的未来研究室外，也供职于各大科技公司，如谷歌、微软、英特尔等，开展前沿技术研究分析，进行未来技术趋势预测，引导公司甚至国家的技术发展战略方向。

（五）打造未来产业国内国际标准化竞争能力

美国从政府参与、机构设置、人才培育等方面加强未来产业的国内国际标准化建设，力图建立由美国主导的、美欧协作的、具有较强竞争力的未来产业标准体系。在国内标准化方面,美国认为随着新兴未来技术的发展,美国及其盟国会继续参与未来技术标准制定及未来技术的国际治理。美国国家标准与技术研究院会努力加强美国在未来技术标准开发方面的领导地位。针对未来产业标准化人才培养,《美国标准战略(2020版)》被提出,随着未来产业的发展,标准制定的机会将持续出现,并对美国优势产生挑战,美国应优先建设一支高水平的标准化人才队伍,发挥标准在创新、技术商业化、稳定基础设施和美国竞争力方面的内在作用,同时采用新的合作模式,使标准开发人员、联盟、开放协作团体与政府及企业能够高效协作。在国际标准化方面,2021年9月成立的美欧贸易与技术委员会(TTC)将技术标准工作组列为十大工作组之首,并明确指出要在人工智能、数字经济、信息和通信技术,以及其他未来技术领域开展标准协调与合作,提升技术安全、供应链安全和全球竞争力,在国际标准活动中捍卫美欧的共同利益。TTC通过在全球设定较高的技术标准,一方面促进细分领域技术创新,另一方面保护关键和新兴技术及基础设施。TTC将建立正式和非正式的合作机制,共享特定技术领域的技术信息,寻求机会协调国际标准化活动。

二、德国

(一)以创新政策体系引导未来产业发展方向

近年来,德国高度重视新技术的发展与运用,逐步从工业经济转变为创新型经济推动产业科技的革新发展,并把国家高新技术战略视为产业发

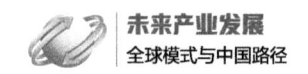

展的重点方向,发布了《德国高科技战略(2006—2009年)》《德国2020高科技战略:创意·创新·增长》《数字战略2025》《高科技战略2025》等一系列政策指导文件,确定了德国未来在研发领域与技术创新政策等方面的主要任务和目标,并明确提出了新科技产业发展重点领域和未来主要发展项目,力求通过发展新一代互联网技术,加速推进汽车、微电子、材料研究与生物技术、人工智能等领域的迅猛发展和技术革命。2013年,德国政府提出七大"领导市场"理论,即机械制造与生产技术、新材料、交通与物流、信息与通信经济、能源与环境经济、媒体与创意经济、健康经济与医疗技术,强调政府的高科技战略和社会需求的紧密联系。2019年11月,德国联邦经济和能源部长彼得·阿尔特迈尔(Peter Altmaier)发布《国家工业战略2030》,旨在推动德国"工业4.0"计划进一步深化,促进德国制造业在数字化、智能化等方面的全面转型。德国政府一方面高度重视对中小企业的政策扶持,另一方面制定高新产业集聚政策,以促进产业技术创新联盟与创新集群的发展,构建其独有的创新政策体系,引导未来产业发展。

(二)创建独特的协同创新体系和分工机制

德国创新体系的组织架构分工明确,政府机构承担立法、规划、管理监督等职能,由大学、国立和非营利性科学技术机构、专业科研单位联合进行技术研究与技术开发,由中介组织负责技术转让等与研发、技术创新有关的业务。例如,2019年5月,德国科学联席会通过了《研究与创新公约Ⅳ》《未来协议:加强高校学习与教学》《高校教学创新协议》三份行政协议,它们成为影响未来10年（2021—2030年）德国科学研究和高等教育领域的3个大型资助计划。三份行政协议拟计划在未来10年（2021—2030年）投入约1625亿欧元资金，以提高德国科研体系的质量，增强德国科研水平、创新实力和国际竞争力，每份资助计划均规定了详细的资金配置方式：在政府层面，联邦政府将支持资金划拨至各州政府，各州政府匹配相应份额的资金，由州政府统一协调支持地方前沿科技创新；在科研机构层面，德国共有800多所由公共资金资助的科研机构，其中最有名的是由科学家命名的四大机构，即弗劳恩霍夫应用研究促进协会（FhG）、亥姆霍兹国家研究中心联合会（HGF）、莱布尼茨科学联合会（WGL）、马克斯·普朗克科学促进学会（MPG），它们均有常设性科研资金，联邦政府、各州政府及企业对这四大校外科研机构给予不同比例的资金支持；在高校层面，政府的资金支持占较高比重，德国境内共有各类高校400余家，德国高校积累了德国基础研究的大量成果和人力资源，因此德国政府高度重视高校科研投入。德国高校实施"卓越战略"，即鼓励高校与校外科研机构开展合作，为获认证的校所合作集群提供每年650万欧元的经费支持，同时在卓越计划执行期间，从研究生院获认证且具有校所合作集群的高校中挑选10所优秀高校给予每校每年2100万欧元的经费支持，该计划成为德国创新体系的重要组成部分。

（三）通过加强国际创新合作提升未来产业持续竞争水平

德国"工业4.0"计划为未来产业及科技创新发展提供了良好契机和重要措施，成为新兴和尖端产业发展的引擎。然而，要想保障自身未来产业在

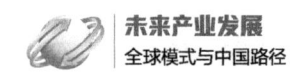

国际舞台上的持续竞争力，还应借助和拓展与欧盟及其他发达国家的科技合作。2017年，德国"工业4.0"应用平台、法国未来工业联盟和意大利国家"工业4.0"计划就生产数字化开展三方合作行动方案达成一致意见。同年，德国联邦教研部为国际合作投入超过8.5亿欧元。2018年，德国联邦经济与能源部（BMWi）发布新修订的中小企业创新核心计划（ZIM），即"国际化模式探索"项目。2019年3月，德国政府发布指南，支持德国高校、科研机构和企业设立国际人工智能实验室，并给予每个获批项目为期3年不超过500万欧元的资助。2020年，德国联合法国、西班牙等国家投资发展处理器和半导体技术，试图破解互联网连接设备和数据处理的关键技术问题。

（四）通过滚动监测跟踪评估未来产业的发展情况

德国政府通过预判未来产业发展前沿与经济社会发展需求，继2006年出台《德国高科技战略》后，在2010年、2014年和2018年分别对其进行了更新和完善，旨在逐渐明确德国尖端产业技术创新发展重点领域，形成相对连续、稳步推进的科技创新发展战略体系。此外，德国政府每两年编制新的《德国研究与创新战略报告》，以跟踪德国科技发展动态。三份行政协议中的《未来协议：加强高校学习与教学》明确每年推行项目的相关高校需汇报执行情况，在2025年对协议执行效果进行最终评估，并于2027年确定协议调整方案。2020年6月，德国针对2018年制定的《人工智能战略》提出了更新计划，将围绕人工智能领域的当前发展，在科研基础和专业知识、技术转让和应用、政府监管架构和社会责任等应用领域，增强"人工智能欧洲制造"的综合实力。

三、法国

（一）构建需求导向型发展优先级调整机制

法国政府始终坚持主动围绕自身产业发展的实际需求，不断优化完善未来产业发展的具体领域。从 2013 年 9 月法国首次提出"新工业法国"计划至今，其推动新兴产业的顶层设计经历了"三步走"。具体来看，2013 年 9 月至 2015 年 4 月为第一阶段。在"新工业法国"计划框架下，确定了可再生能源、环保汽车等 34 个优先发展的工业项目。2015 年 5 月至 2021 年 9 月为第二阶段。在此期间，法国经济部宣布"新工业法国"进入第二期，将原先的 34 个优先发展的工业项目改为以"未来工业"为核心，以新资源开发、智慧城市、环保型交通工具等 9 个新兴领域为支柱的布局。2021 年 10 月至今为第三阶段。法国总统马克龙公布了一项总额为 300 亿欧元的"法国 2030"投资计划，旨在推动各产业部门加快数字化创新，实现经济增长，使法国摆脱新冠疫情影响，"重新成为一个伟大的创新民族"。法国实施该计划的目的是"找到通往独立的道路"和"夺回法国与欧洲命运的主动权"。"法国 2030"关注的 10 个优先领域为能源和经济脱碳、交通、健康、农业和食品、电子和机器人技术等所需零部件供应、战略原材料供应、初创企业、针对战略部门的创新培训、文化、太空和海底。

表 2-1 所示为法国支持未来产业发展战略重点发展领域的演进历程。

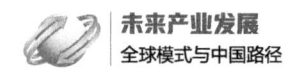

表 2-1 法国支持未来产业发展战略重点发展领域的演进历程

	"新工业法国"计划重点发展领域	"未来工业"计划重点发展领域	"法国2030"计划重点发展领域
时间	2013年9月至2015年4月	2015年5月至2021年9月	2021年10月至今
涉及的领域数量	34个	9个	10个
具体领域	可再生能源、环保汽车、充电桩、蓄电池、无人驾驶汽车、新一代飞机、重载飞艇、软件和嵌入式系统、新一代卫星、新式铁路、绿色船舶、智能创新纺织技术、现代化木材工业、可回收原材料、建筑物节能改造、智能电网、智能水网、生物燃料和绿色化工、生物医药技术、数字化医院、新型医疗卫生设备、食品安全、大数据、云计算、网络教育、宽带网络、纳米电子、物联网、增强现实技术、非接触式通信、超级计算机、机器人、网络安全、未来工厂	新资源开发、智慧城市、环保型交通工具、未来交通体系、未来医疗、数据经济、智能设备、数字安全、健康食品	能源和经济脱碳、交通、健康、农业和食品、电子和机器人技术等所需零部件供应、战略原材料供应、初创企业、针对战略部门的创新培训、文化、太空和海底

资料来源：赛迪智库整理

（二）完善多层级科技决策咨询协同工作机制

法国政府自20世纪80年代初以来成立了包括战略指导委员会（COS）、国家科学理事会（CNS）和科技最高理事会（HCST）在内的国家级科技决策咨询机构。在组建新科技决策咨询机构时，法国政府既没有撤销也没有合并成立较早的机构（CSRT 和 OPECST，即研究与技术高等理事会、议会科学与技术选择评估局），5家机构并行运转的局面一直持续到2013年。此后，在《高等教育与研究指导法案》关于推动国家高等教育体系和科学研究体系融合发展战略的驱动下，法国政府正式将服务于各部门的四大科技决策咨询机构（CSRT、COS、CNS、HCST）整合为战略研究委员会（CSR）。从角色定位来看，OPECST 主要服务于议会两院；CSR 主要服务于总理及其他政府部门[①]。

（三）强调立法对科技政策可持续性的保障作用

为防止因总统换届、政府部门重组、机构负责人更替等不可抗力事件（"内生"动力）而导致国家创新体系及其"硬要素"和"软要素"无法正常运转的现象发生，法国政府在建立、健全和完善国家创新体系进程中，无论是组建或改组创新研发执行主体、评价机构、咨询机构、资助机构，还是调整研发经费投入规模与强度，甚至是支持科研人员开展创新创业活动，均有明确的法律法规遵循。法国于2006年重新制定了《科研指导法》，将其作为法国政府统筹科技发展的基础和法律依据，对国家科研创新体系进行了全面改革，重点强化不同研究主体之间的合作，加强公共部门和私人研究部门之间的联系，并加快实施融入欧洲研究区与全球创新体系等促进协同创新的措施。2012年，法国教研部召开自下而上、多层次的全国高等教育与研究大讨论，重新确定高等教育与科研相关政策，并修订《大学自由与责任法》及《科研指导法》。通过制定相关法律法规来指导科研发展方向和进行优先领域选择，规范科研活动，保护知识产权，所制定的相关法律法规也为科技计划编制和实施提供了法律保障。

---

① 方晓东，董瑜. 法国国家创新体系的演化历程、特点及启示[J]. 世界科技研究与发展，2021（5）：616-632.

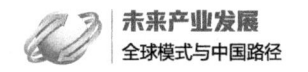

四、日本

（一）技术预见调查为未来产业发展奠定基础

根据亚太经济合作组织的定义，技术预见是对科学、技术、经济和社会的远期未来进行系统探索的过程，其目的是选定可能产生最大经济、环境与社会效益的通用新技术和战略研究领域。日本是最早开展技术预见调查的国家之一，自1971年以来，面向未来科技发展方向，日本科技政策研究所每5年开展一次全国技术预见调查，截至2022年已开展了11次。日本技术预见通过地平线扫描法跟踪科技社会发展趋势，主要通过德尔菲法及结合引文分析、愿景调查等方法对未来产业技术发展方向进行研判。日本在进行第11次技术预见调查过程中，面向2050年科技与社会未来愿景进行研究，提出16个特定科技发展领域，包括解决适应社会和经济发展变化等问题的技术、以实现精密医学为目标的新一代生物监测和生物工程技术等8个跨学科、强交叉的特定科技发展领域与利用新的数据分发系统、融入人类社会各个方面的机器人技术等8个具体研究领域的特定科技发展领域，如表2-2所示。技术预见调查活动是日本科技创新政策制定的重要依据，也为日本未来产业前瞻布局奠定了良好的基础。

表2-2　日本第11次技术预见调查提出的16个特定科技发展领域

序号	特定科技发展领域	细分领域
1	跨学科、强交叉的特定科技发展领域	解决适应社会和经济发展变化等问题的技术
2		以实现精密医学为目标的新一代生物监测和生物工程技术
3		利用先进的测量技术和信息科学工具分析原子及分子水平
4		新结构、新功能材料和制造系统的开发
5		彻底改变信息通信技术的电子和量子设备
6		利用空间技术对全球环境和资源进行监测、评估、预测
7		科学技术促进循环经济发展
8		自然灾害的先进观测和预测技术

续表

序号	特定科技发展领域	细分领域
9	具体研究领域的特定科技发展领域	利用新的数据分发系统
10		融入人类社会各个方面的机器人技术
11		新一代通信和加密技术
12		人为错误的交通事故预防技术
13		生命科学和医疗保健的疾病预防及治疗方法
14		与生态系统协调的农林水系统
15		推动社会可持续发展的能源技术
16		解决宇宙和人类起源的基础科学

资料来源：日本第 11 次技术预见调查报告

（二）"社会 5.0"愿景为未来产业发展指明方向

日本于 2016 年首次提出"社会 5.0"（Society 5.0）的概念，指出要最大限度地应用现代通信技术，通过虚拟与现实空间的高度融合，解决经济社会问题，打造一个"超智能社会"。此后，围绕"社会 5.0"愿景，日本对未来产业开展了一系列部署。2017 年，在《未来投资战略 2017：为实现"社会 5.0"的改革》报告中，日本明确提出为了实现"社会 5.0"，要聚焦发展生命健康、交通出行、处于世界领先地位的智能供应链、基础设施和城市建设、金融技术创新及应用、能源与环境、机器人革命和生物材料革命、新型居住生活服务市场八大战略领域。同年，日本发布面向"社会 5.0"的《新产业结构蓝图》，提出自动驾驶汽车、原创新药、尖端材料制造、生物能源、个性化医疗药品、智能化授信等未来产业和服务。2018 年，日本发布《未来投资战略 2018：迈向"社会 5.0"和数据驱动型社会的变革》报告，指出未来日本将对生活和生产、能源和经济、行政和基础设施、社区和中小企业四大领域重点开展智能化建设。同年，日本出台《集成创新战略》，明确提出发展人工智能、生物技术、环境能源等重点领域，以及网络空间和物理空

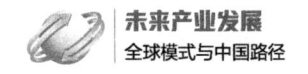

间相关技术、网络物理安全、自动驾驶、制造业、光量子基础技术、海洋、宇宙等重要领域。2020年，日本发布《统合创新战略2020》，持续推进"社会5.0"建设，提出加速推进5G移动通信技术在汽车等领域的应用，研发后5G时代信息通信技术；重点推动人工智能、生物技术、量子技术、材料等基础技术领域，以及环境能源、健康医疗、空间、食品、农林水产等应用技术领域的研究工作。2021年，日本公布《第六期科学技术创新基本计划》，提出改善研发环境，推进开放科学及数据驱动型研究，培养面向未来新型社会的人才等政策措施。同年，日本发布《2021科技创新白皮书》，强调在超级计算机、人工智能、量子等未来产业领域，加大科技基础研究与人才开发力度。综上，日本在"社会5.0"愿景的牵引下，正在大力推动前沿技术创新与未来产业发展。

（三）聚焦未来产业重点领域持续发力

近年来，日本在氢能源、类脑智能、量子信息、生物技术、深海空天开发等未来产业领域持续探索，并取得一定成果。**在氢能源方面**，日本将氢能源作为新一代能源战略的主体。2017年，日本政府正式发布"氢能源基本战略"，明确降低制氢成本的路线图和目标，计划到2030年左右，实现氢能源发电商业化。同时，日本推动氢能源与多种化石能源、可再生能源的耦合协同发展，并致力于构建国际氢能供应链。**在类脑智能方面**，日本在2008年提出"脑科学战略研究项目"，重点开展脑机接口、类脑计算机研发及和神经信息相关的理论构建。据统计，2020年日本类脑智能市场占全球市场份额的9%，与中国、韩国及欧洲等国家和地区同属于第二梯队。**在量子信息方面**，早在1985年，日本科学技术振兴机构（JST）发起前沿技术研究计划，推进包括量子科学在内的前沿技术基础研究。进入 21 世纪，日本开始更多地关注量子科技应用。2017 年，日本发布"光·量子跃迁旗舰计划"，旨在实现量子计算在制造业、药物研发等领域的应用，并向大规模数据高速处理发展。2022 年，日本发布《量子未来社会展望》，提出到 2030 年量子技术使用者达到 1000 万人的目标。**在生物技术方面**，日本是世界生物技术强国。早在 2001 年，日本就启动产业集群计划，加速生物技术产业园区发展。2002 年，日本制定生物技术产业立国的国家战略。2007 年，日本发布《创新 25 战略》，提出建立多个生物技术世界顶级国际研究基地。2019 年，日本正式推出《生物战略 2019》，再次确认生物技术的战略地位。**在深海空天开发方面**，日本正在加快探索步伐。2013 年，日本发布《海洋基本计划》草案，旨在调查和掌握新一代能源"可燃冰"及稀土的埋藏量。2018 年，日本公布新版《防卫计划大纲》，提出"多域联合"国防发展目标，之后日本全面铺开在太空、网空和电磁空间等新作战领域的能力建设。后来，日本积极建造能摆脱传统卫星轨道束缚、自由穿梭于太空的"宇宙巡回飞船"，为太空竞争服务。

（四）投入多元资金促进未来产业发展

从整体投入来看，日本的科技研发投入占 GDP 的比例多年保持在 3% 以上，稳定支撑未来产业技术创新。2016 年，日本公布《实现面向未来的投资的经济对策》方案，确定 28.1 万亿日元的资金投入，以充实人工智能、新材料、宇宙航空、能源等产业的基础性研究，推动未来产业技术革新。2021 年公布的《第六期科学技术创新基本计划》提出，日本政府计划投入研发资金 30 万亿日元，官民研发投资额计划为 120 万亿日元，以解决数字化发展迟缓

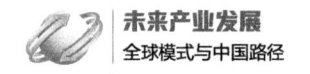

等问题。从领域投入来看，在氢能领域，2019 年，日本在应对全球变暖的官民国际会议上表示，未来 10 年官民将共同投资 30 万亿日元，这部分资金将用于氢能等环境技术的研究和开发；2020 年，日本政府氢能研发推广预算为 700 亿日元。在人工智能领域，2015 年，日本文部科学省在 2016 年度的预算要求中确定了 100 亿日元的相关研究经费，未来 10 年预计投入 1000 亿日元；2019 年，软银公司表示未来 10 年将投资 200 亿日元，与东京大学共同打造世界顶尖的人工智能研究所。

（五）营造未来产业人才发展良好环境

一是建立终身教育理念。《第六期科学技术创新基本计划》提出，重视初高中阶段的基础教育，整体推进科学、技术、工程、艺术、数学教育；同时营造全社会积极向学的良好环境，为社会人士提供继续教育的机会。二是建立未来产业人才培养基地。为了培养量子信息产业人才，日本将在东北大学、冲绳科学技术大学院大学、产业技术综合研究所、量子科学技术研究开发机构建设人才基地。三是赋予科研团队高度的自主权。例如，日本启动"登月型"研发制度，旨在实现未来社会的开发目标。政府充分授予项目经理自主权，允许其自主制定研究方向，发掘重要创新成果，鼓励大胆试错。同时，政府广泛聘任大学、科研机构等创新主体的科研人员，让他们从事研发活动。四是培养适应未来新型社会的人才。2020 年，日本国家信息和通信技术研究所启动为期 10 年的"量子原住民"培养计划，教授量子技术相关知识、IBM 量子计算机使用等，旨在培养从小就适应量子技术环境的人才。

五、韩国

（一）利用民意调查实现在未来产业领域的共识

民意调查作为一种"洞察民情民意"的手段常被使用，在政治、经济、社会民生等多个方面举足轻重，已经被认定为韩国政治生态中调研民众认知的重要手段，也是引导舆论和建构话语权的重要手段。韩国知识产权局（KIPO）隶属于韩国贸易、工业及能源部，主要负责专利、实用新型、外观设计、商标、半导体集成电路布图设计、商业秘密和反不正当竞争等工业所有权项目的保护。2022年5月18日，韩国知识产权局发布未来战略产业技术民意调查结果，公布了韩国民众选出的"改变韩国未来的十大发明技术"，以确定民众在培育未来韩国战略产业技术领域的共识。调查结果显示，投票占比排名前十的技术领域分别为人工智能（15.1%）、机器人（13.8%）、未来汽车（10.4%）、氢气（8.3%）、能源（8.1%）、生物科学（7.5%）、宇宙航天（6.3%）、新材料（6.1%）、电池（5.5%）、半导体（5.2%）。据悉，韩国将根据调查结果大力发展相关产业。例如，人工智能是韩国政府选定的未来战略产业技术领域，旨在缩小半导体、电池等技术与其他国家的差距；机器人技术是韩国政府提出的跃升为世界三大人工智能强国等中长期展望的技术之一；随着全球电动汽车、自动驾驶汽车等市场需求激增，韩国政府也在为确保未来汽车核心领域标准专利而积极提供支援。

（二）政策与投资双管齐下促进未来产业发展

一是以共担成本、税收优惠和补贴、提供长期贷款、制定相关法律等方

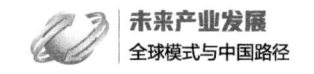

式给予政策支持。2021年，韩国发布的《K-半导体战略报告》提出，为构建"K-半导体产业带"，韩国政府将承担该产业带电力设施建设50%的成本，为芯片研发投资提供40%~50%的税收抵免，为相关设施提供10%~20%的税收优惠，还计划提供1万亿韩元长期贷款，以帮助韩国半导体企业度过危机。韩国政府还准备制定针对半导体的相关法律，以加强对韩国核心技术合作伙伴的并购审查和安全管理，保障汽车半导体供应链安全。**二是以政府政策与投资带动企业投资**。2019年，韩国政府发布的《制造业复兴发展战略蓝图》提出，将统一国家能力和资源，计划注入8.4万亿韩元，用于非存储类芯片、未来移动交通、生物技术国家三大关键产业研发，该政策与投资也将带动总计180万亿韩元的投资。**三是以重点投资有针对性地补链**。韩国在系统半导体方面较弱，政府在2022年预算案中提出，将拿出2400亿韩元用于功率半导体、新一代感应器、人工智能半导体等领域的研究，三星也计划在2030年前增加对系统LSI和晶圆代工业务的投资总额至171万亿韩元。从2022年起，韩国政府将通过国家新药开发项目、全周期医疗器材研发等跨部门研发领域，对该产业从初期到成品的全周期研究开发提供积极支援。为防止类似汽车半导体供应不足等产业链问题对韩国新能源汽车等产业的发展造成冲击，政府于2022年单独设立200亿韩元特别预算，用于三大新产业及纳米产业零部件和设备的研发。**四是改变未来产业投资战略**。韩国在2009年发布的《新增长动力规划及发展战略》中提出，在未来产业和新兴产业领域，先由政府出面进行投资，完善相关技术和产业方面的政策，支持核心技术创新和基础技术突破，再在此基础上吸引民间资本参与，为产业的发展提供资金保障。此外，韩国扩大投资覆盖领域，包括无人驾驶汽车、精准医学、无人机等，同时加强对研发项目经费的监管力度，对其使用情况进行定期检查，提高核心技术研发的投资效率。

（三）以电子信息等产业为核心带动产业融合发展

2009 年，韩国政府发布《IT 韩国未来战略》报告，该报告指出将在 5 年内投入 189.3 万亿韩元发展电子信息核心战略产业，以实现信息产业与其他产业的融合，为韩国经济发展提供新的动力。"IT 韩国未来战略"报告会指出韩国所有产业具备的竞争力都体现了信息技术的力量，信息产业不仅要通过自身发挥作用，还要通过与其他产业的融合发挥作用。该战略提出促进 IT 产业与其他产业的融合，特别强调汽车、船舶、能源、航空、机器人、医疗、纺织、机械、建筑、国防等产业与 IT 技术的融合，培育国家十大战略产业。2019 年，韩国政府发表《制造业复兴发展战略蓝图》，提出以智能化、生态友好型和融合方式创新产业结构，用创新产业取代传统产业。韩国政府将在制造业部门推行智能制造。韩国政府计划到 2030 年打造 2000 个"人工智能工厂"，并以智能工厂为数据收集来源，建立一个数据中心，以支持基于人工智能的各项服务，并促进关键软件、机器人、传感器等智能制造设施的发展。同年，韩国发布未来 5 年《政府中长期研发投入战略》，涉及信息通信、机械材料、能源、生命等未来产业，指出以公共需求为中心的 IT 智能融合为投入方向之一。

（四）政产学研多方共同培育未来产业人才

2021 年，韩国启动半导体产业人才培养工程，该工程由韩国半导体产业协会主管，并有多所大学及众多中小企业、中坚企业、协会参与，计划通

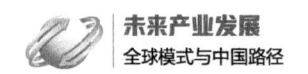

过该工程在 5 年间培养 300 名高级研发人员。韩国产业通商资源部（简称产业部）表示，将基于企业实际需求为其自主培养人才营造环境，推出有需求的企业事先参与等项目，并制订灵活、及时的支援计划，以推动项目重组，还将持续发掘制造、服务融合型人才等新的培养项目。韩国产业部于 2021 年 5 月宣布，计划通过扩大大学配额，提供学士及以上学位教育支持，计划 10 年内培育 36 000 名半导体行业人才，包括 14400 名学术人士、7000 名专业人才及众多其他人员。除此之外，韩国产业部还与韩国产业技术振兴院、韩国电子信息通信产业振兴会、韩国汽车产业协会、韩国汽车研究院、韩国汽车产业合作组织等多家机构签署相关合作协议，商定合作培育创新人才，提前应对汽车行业的未来转型需求。根据韩国政府的规划，为攻克技术难题，2025 年以前将在材料领域设立 100 个未来技术研究室，对优秀课题将给予 8 年以上的长期资金政策支持。

第三章 | Chapter 3

站在过去看未来：全球未来产业发展模式分析

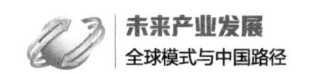

产业模式的选择离不开产业本身。放眼全球，目前未来产业的发展还处于起步阶段，很多国家都处于未来产业的选择、关键技术的预研阶段，对未来产业采取何种发展模式也在尝试和探索中。回顾历史，早在几十年前，当时的一些"未来产业"逐步发展成了战略性新兴产业、主导产业和支柱产业，而且不同的产业在此过程中采取了或者形成了不同的发展模式。在新的历史起点，要发展"现在"的"未来产业"，"过去"的"未来产业"一些成熟的发展模式值得我们借鉴和参考。基于此，本章从几十年前开始回溯，根据全球主要发达国家推动其当时的"未来产业"发展的做法，归纳、总结、提炼这一历史阶段中较为成功的未来产业发展模式。

一、未来产业发展模式探讨

（一）产业发展模式相关理论

1. 产业发展模式概述

发展模式是产业经济学和发展经济学的常用语之一，如外向模式或内向模式、进口替代模式或出口导向模式、市场主导模式或政府主导模式等。在发展经济学研究初期，有些论文没有直接使用"模式"一词，但其研究思路和方法是从模式的角度被提出的。钱纳里在《结构转换：经济发展的实证研究程序》一文中将20世纪50年代库兹涅茨的结构转换理论称为"库兹涅茨经济增长模式"[①]。与库兹涅茨同期的发展经济学家纳克斯在1959年提出了

[①] 钱纳里. 结构转换：经济发展的实证研究程序[C]//中国社会科学院经济研究所. 发展经济学的新格局：进步与展望. 北京：经济科学出版社，1987.

3个可供选择的模式：初级产品出口模式、工业消费品出口模式、国内市场扩张模式。1985年，在耶鲁大学召开的第25届国际发展经济学年会上，直接使用"模式"一词研究经济问题成为提交的论文中的普遍现象，如原型模式、结构转换模式、国际贸易模式、发展模式和增长模式等，"模式"成为产业经济学和发展经济学研究的一个新热点。

虽然理论和实证研究中"模式"一词的使用越来越频繁，但是始终缺乏对其科学、规范的定义，更谈不上对其进行严格的界定和论证。这一方面可能是由于人们认为这一概念过于简单，容易理解，因此无须定义；另一方面反映出人们在进行科学研究时，往往不重视对概念定义这一最基本科学单元的思考，尤其是在一些理论和创新性研究中。概括地说，在产业经济学和发展经济学的研究中，对"模式"一词至少存在以下几种不同的认识[1]。

第一，结构即模式。钱纳里在《结构转换：经济发展的实证研究程序》中将模式和结构在同等意义上使用。

第二，类型即模式。20世纪80年代，我国改革开放形成了一批各具特色的地方发展模式，如苏南模式、温州模式等。

第三，模式即多因素相互作用构成整体。模式涵盖以经济学为中心及向其边缘（包括文化、政治、历史、制度等）扩展的多维空间。波兰经济学家弗·布鲁斯在其《社会主义经济的运行问题》一书中提出，"模式"是经济运行机制的图示，而且是撇开复杂细节而说明经济运行主要原则的图示。

在产业发展模式研究方面，学者们在对各个不同产业的研究过程中，提

---

[1] 温燕. 武汉文化创意产业发展模式研究[D]. 武汉：武汉理工大学，2008.

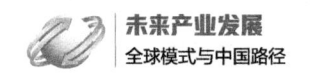

出了各自的产业发展模式，对产业发展模式的定义和分类可以说是五花八门，光是产业发展模式的种类就有不下十种，如从产品特点、技术水平、资源利用方式、资源配置主体、市场竞争程度、市场广泛程度、产业生命周期等不同角度对产业发展模式进行分类。一般来讲，当我们用某一理论或范式研究现实问题时，应先就该理论或范式本身达成一致，在规范的基础上研究具体问题。因此，当前虽然许多人都在进行"产业发展模式"研究，但平台不统一，无法形成一致的理论或范式框架，导致研究成果不具有普遍性，说服力不强。鉴于此，本书将就产业发展模式问题展开研究，争取给出一个具有普遍适用性的产业发展模式的定义。

2. 国内外产业发展模式的研究现状[①]

在西方的文献中，产业发展（Industry Development）经常与产业演化（Industry Evolution）、产业动态（Industry Dynamic）一同使用，而且使用的频率低于产业演化。产业发展的正式定义在西方文献中很少见到，也没有明确的定义，一般泛指产业发展变化的历史过程。国内对产业发展的研究也不太多。厉无畏、王振等认为，产业发展包含产业的集群化、融合化及生态化等一系列变化，这些变化在创造各种新的消费方式的同时，也推动着产业本身的创新和变革，表现在产业结构、产业技术、产业组织3个方面。产业效率、科技创新、产业竞争、产业政策是产业创新和变革的推动力。胡建绩总结了产业发展应该具备的几个要点，并在此基础上把产业发展定义为"以价值发展为实质，以主导产业群为载体，以经济长波为形式的产业的内生提高过程"。

---

① 温茜茜. 中国产业发展模式研究：以汽车零部件产业为例[D]. 上海：复旦大学，2013.

国内对产业发展模式的研究一般是在某个具体的产业框架下进行的。娄勤俭在其主编的《中国电子信息产业发展模式研究》一书中对发展模式的定义和产业发展模式的内涵进行了总结。他认为,"产业发展模式就是在既定的外部发展条件和市场定位的基础上,产业内部和外部的一系列结构所反映出来的一种资源利用方式"。娄勤俭还对产业发展模式选择的理论基础进行了总结,他认为产业发展模式的形成涉及**4个基本理论:比较优势理论、产业分工理论、企业集群理论和产业生命周期理论**。针对电子信息产业这一特定产业,娄勤俭列举了其主要发展模式,分析了影响电子信息产业发展模式演变的主要因素,并指出**国际产业分工格局演变、比较优势消长、企业利益驱动、市场推动、技术升级和国际战略利益需要**等因素构成了电子信息产业发**展模式优化的基本动力**。与国内其他学者的同类研究相比,娄勤俭对产业发展模式的研究形成了一定的体系。

虞月君在其所著的《中国信用卡产业发展模式研究》一书中对产业发展模式的定义基本采纳了娄勤俭的观点,并以信用卡产业为例,分析了影响产业发展模式选择的主要因素,以及产业发展模式优化的基本动力。他根据资源配置主体和收单品牌建设方式的不同组合,将信用卡产业发展模式分为6种类型。

张占斌在其所著的《比较优势:中国汽车产业的政策、模式、战略》一书中对汽车产业发展模式的各种分类方式进行了总结,得出前人对汽车产业发展模式的8种分类方式,如自主型和开放型、产业依附型和产业主导型等。通过对中国汽车产业长期发展战略目标、国际汽车产业全球化发展的要求、中国汽车产业所具有的比较优势和后发优势、中国汽车产业积累的经验教训

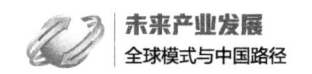

和比较劣势、中国汽车产业发展将创造的综合绩效等几个方面进行分析，得出中国汽车产业的发展应遵循"比较优势的大国开放竞争模式"的结论。

黄强在《中国民机产业崛起之探索》一书中没有给出产业发展模式的具体定义，但从产业组织理论的研究角度指出，"产业发展模式是一个产业的基本供给和需求等条件、市场结构、企业行为、政府政策等之间相互影响的结果"。他在对国内外民机产业发展历程总结的基础上，给出了中国民机产业的发展模式建议，即"加强政府的支持、管理、监督职能，整合中国航空工业，组建中国的'空客公司''斯奈克玛发动机公司'等，使其成为真正的市场主体，以民机领头企业的方式参与激烈的国际竞争，用市场经济的手段体现国家的意志，建立相应的自主创新体系，使得民机产业的长期发展具有源源不断的动力"。

我国一些著名的经济学家（如林毅夫、江小涓等）和研究机构（如长城战略咨询等）在研究中也多次提及产业发展模式问题，但并没有对其进行深入研究，而是将产业发展模式作为约定俗成的用语，不加以严格明确的界定，仅针对自身所研究的具体产业，有针对性地探讨特定产业的发展模式。这些研究在一定程度上对我国特定产业的发展模式探索做出了贡献。

可以看出，国内学者对产业发展模式已有初步研究和探索，并且研究结果基本符合我国产业发展的现实情况和主要态势。但总体来看，这些研究基本是在有针对性地探讨特定产业的发展模式，并未形成完善且全面的研究体系，因此研究成果具有一定的片面性。尤其在未来产业这种前沿产业研究方面，还需要从未来产业的多元性、交叉性、融合性、战略性和前瞻性等方面进行综合考量，实现其多维度的内涵界定和模式划分。

3．产业发展模式的定义

任何一个产业从产生到发展壮大都离不开两个方面的因素：一是供给方面的因素，主要包括自然资源、劳动力、资本、知识、生产和管理技术、创新、制度等生产要素；二是需求方面的因素，主要指市场对产业所生产的产品的需求。从供给方面来看，在产业发展初期，自然资源、劳动力等本地要素对产业的早期形成和发展起着决定性的作用，此时用比较优势理论可以有效地解释一个产业在某一国家或地区的形成和发展；随着经济和技术的发展，资本积累到一定程度，即使在自然资源或劳动力方面不具备优势，依靠大量的资本投入，也可以促使一个产业在某一国家或地区形成和壮大；更进一步，随着信息技术的发展，知识、技术、创新、制度等无形要素对产业的影响作用越来越大，在自然资源、劳动力、资本等要素既定的情况下，上述无形要素对一些特定产业的形成和发展起到了决定性的作用。从需求方面来看，一个产业要想做大做强，在市场竞争中占据一席之地，应将自身有效地融入世界经济一体化当中，在国际产业分工体系中找准位置，建立并发挥自身优势，这样才能形成客户对产品源源不断的需求，在残酷的市场竞争中屹立不倒。

综上可以看出，产业发展模式并不是一成不变的，我国应充分考虑其发展与国家现实情况的匹配性和可行性，依据不同时期不同影响因素的变化做出及时调整。在充分考虑已有理论研究成果、产业发展现实背景、供给需求、影响因素及客观目标的基础上，我们对产业发展模式进行了定义：**产业发展模式是在世界经济一体化条件下，产业有效地融入国际产业分工发展的链条**

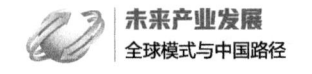

中，通过自发形成及外力推动，从产生到不断发展壮大的整个过程中所呈现出来的发展特点及规律。

（二）未来产业发展模式研究

1. 未来产业发展模式的类型

近年来，全球主要国家和地区均加快布局未来产业，结合传统发展理论和落地探索实践，目前已形成多要素结合的发展模式。这种综合性发展模式兼顾了未来产业的自身技术特点和推动未来产业发展的外部环境因素。

从产业发展的资源配置主体来看，可以分为政府主导资源配置的发展模式和市场主导资源配置的发展模式；从产业发展突破口来看，可以分为全面推进型发展模式和重点突破型发展模式；从产业驱动因素来看，可以分为要素驱动发展模式、投资驱动发展模式和创新驱动发展模式；从企业规模结构来看，可以分为以大企业为主的发展模式和以中小企业为主的发展模式；从目标市场定位来看，可以分为以出口为主的发展模式和以国内市场为主的发展模式（见表3-1）。

表3-1 未来产业的主要发展模式

分类依据	未来产业的主要发展模式
产业发展的资源配置主体	政府主导资源配置的发展模式
	市场主导资源配置的发展模式
产业发展突破口	全面推进型发展模式
	重点突破型发展模式
产业驱动因素	要素驱动发展模式
	投资驱动发展模式
	创新驱动发展模式

续表

分类依据	未来产业的主要发展模式
企业规模结构	以大企业为主的发展模式
	以中小企业为主的发展模式
目标市场定位	以出口为主的发展模式
	以国内市场为主的发展模式

需要明确的是，在产业发展的实际过程中，上述从单一维度划分的发展模式之间会发生交叉融合，进而衍生出更复杂、更具体、更多样的未来产业发展模式。

2. 影响未来产业发展模式演变的主要因素

未来产业发展模式的形成与发展是动态的变化过程，发展模式的选择受很多因素的影响，如资源的充裕程度、创新能力的强弱、技术水平的高低和国际政治环境等。详细分析，影响未来产业发展模式演变的主要因素分为以下3种[1]。

第一，产业基础和经济发展水平。 产业基础是未来产业发展的根基，可以即时提供资金、技术、劳动力等必备条件。任何一个产业都不可能凭空而起，需要依赖一些现有资源，因此产业基础是影响未来产业发展模式选择的主要因素之一。此外，经济发展水平决定了生产要素和资源的使用情况、经济系统的聚合要求等，进而会影响未来产业的比较优势；经济发展水平是发展模式选择的依据之一，在不同的经济发展水平下，企业选择的发展模式也会不同。

第二，生产要素基础。 生产要素是未来产业发展的物质基础，包括资本、

---

[1] 温茜茜. 中国产业发展模式研究：以汽车零部件产业为例[D]. 上海：复旦大学，2013.

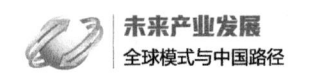

自然资源、技术、劳动力、基础设施等。生产要素与未来产业发展的匹配度关系到企业的生存,这种匹配度也是企业建立竞争优势的关键,并且生产要素能否被高效使用也很重要。

第三,市场与政策环境。市场规模的大小与未来产业的潜在发展空间及市场定位有很大的关系,市场规模的大小决定了未来产业所能涉及的领域。政府在未来产业的发展中具有导向性作用,是强大的后盾力量,能够调节资源配置和生产要素供给,甚至带领未来产业跨越式发展;模式选择只有顺应政策引导,才能得到政策保护。这一点很多国家和地区都已达成共识,政府对其重点产业的发展都给予了政策扶持。

综上所述,未来产业发展模式的选择是产业外部条件与内部影响因素发生变化而共同作用的结果。当未来产业外部条件与内部影响因素发生变化时,都会导致产业优势与社会分工中的角色发生变化,未来产业发展模式也会随之调整,以适应新的发展需求,发展呈现出的不同特点要求发展模式做出调整。需要明确的是,不同约束条件下的产业发展模式无法比较好坏,不能说以大企业为主的发展模式就一定比以中小企业为主的发展模式好,以出口为主的发展模式就一定比以国内市场为主的发展模式好。虽然未来产业发展模式本身没有好坏之分,但一个国家或地区是否选择与实际情况相适应的发展模式会产生不同的结果。与实际情况相适应,充分结合国家或地区的自身优势,借力宏观环境,是未来产业发展的最优路径。

二、政府主导资源配置的发展模式

资源配置是指对自然资源、劳动力、设备、资本等生产要素在不同用途上加以比较后而进行分配的过程。资源配置对一个国家未来产业的发展具有重要影响，合理的资源配置将通过较少的资源消耗，产生颠覆性、前沿性技术，生产出十分适用的商品，极大地激发产业活力，推动产业高速发展。

1. 内涵解析

政府主导的发展模式是指以政府为主、市场为辅的发展模式。政府主导资源配置的发展模式主要由政府制定未来产业发展蓝图，并按照预定政策、战略或规划，通过经济、法律、行政等手段将社会资源分配到未来产业发展的相关部门、地区、领域等，大力促进未来产业的发展。

采用政府主导资源配置的发展模式有利于统一意志、统一行动，集中力量办大事，有望短期内有计划地解决关乎国家命运的战略性问题；有利于集聚资源，有计划地将人力、物力、财力集中起来，合力开展科技攻关，促进产学研用金协同发展，推动未来产业快速成长；有利于避免重复建设而造成的巨大浪费。但是，如果一直采用政府主导资源配置的发展模式可能导致资源流向效率不具优势的大型企业，从而抑制中小企业在该领域的发展，形成不公平竞争局面，降低产业发展效率。

采用政府主导资源配置的发展模式的未来产业主要具有两个特点：一是该产业处于发展初期，且其发展关乎本国的安全、国际战略地位乃至全球领导力；二是该产业对促进社会经济发展具有重要意义，但本国由于各种原因处于落后地位，亟须奋起直追。

2. 案例一：美国举全国之力发展量子科技产业

美国是全球量子科技研究领域的领先者。早在 2009 年，美国就发布了

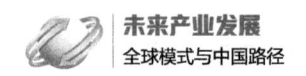

《量子信息科学的联邦愿景》，明确提出要对量子信息科学密切关注，保持领先地位。自 2018 年以来，美国更是不断在量子科技领域发力，从国家层面推动量子科技产业发展，争抢未来发展新高地。

一是完善政策法规建设。2018 年 9 月，美国发布《量子信息科学国家战略概述》，旨在举全国之力加快量子科技取得重大突破，维持和提升美国在量子科技领域的领导力，同时改善工业基础、创造就业机会、维护国家安全，该国家级科技战略为美国日后量子技术的发展定下了基调。2018 年年底，美国国会通过《国家量子计划法案》，制订了为期 10 年的国家量子行动计划，涉及 10 余个部门，开启量子领域"登月计划"，加速推动量子科技的研发与应用。2020 年，美国白宫国家量子协调办公室发布《美国量子网络战略构想》，启动"世界首个量子互联网"计划，助推量子计算应用，确保量子科技惠及大众。美国量子科技政策法规的不断完善，一方面为美国量子科技的发展指明了方向；另一方面有利于凝聚政府、产业界和学术界的力量，共同促进量子科技的快速发展。

二是设立专门管理机构。美国承担量子科技研发和管理工作的主要政府机构包括美国能源部、美国国家科学基金会、美国国家标准与技术研究院等。《国家量子计划法案》规定，设立国家量子协调办公室（NQCO）、量子信息科学小组委员会（SCQIS）和国家量子计划咨询委员会（NQIAC）3 个组织机构，它们协同促进量子科技的标准化、商业化、劳动力培养等计划的落实。其中，NQCO 负责国家量子计划的技术、行政、宣传等日常工作；SCQIS 负责协调国家在量子科技相关技术方面的研究与开发；NQIAC 负责对国家量子计划进行独立评估并提出相关建议。量子科技专门管理机构分工明确，有利于统筹协调国家量子科技战略的实施。

三是集聚产业发展资源。一方面，美国持续加大资金投入，《国家量子计划法案》要求在 2019—2023 年（首个 5 年周期）投入 12.75 亿美元，用于量子计算研发工作，并对各机构的分工和投资额度做出了具体安排。《人工智能与量子信息科学研发摘要：2020—2021 财年》显示，2021 财年美国量子信息科技研发预算比 2020 财年增加约 60%。持续的资金投入成为美国量子科技产业快速发展的有力支撑。另一方面，美国政府积极联合学术界、产业界共同组建新型国家级创新主体及相关联盟，包括美国能源部量子科学与工程类研究中心、未来产业研究所、芝加哥量子联盟、马里兰量子联盟、量子经济发展联盟等，有效地集聚量子科技人才，加强量子技术交流，提升联合攻关能力，加速构筑量子科技产业生态体系。

3．案例二：日本以物联网为突破口重振信息产业

20 世纪 90 年代，日本信息产业发展速度逐渐减慢。一方面，由于日本经济泡沫破灭，其经济长期在低迷中挣扎；另一方面，由于日本对当时以互联网为代表的新信息技术缺乏敏感性，逐渐落后于美国等发达国家，同时日本信息技术基础研究力量不足，导致信息产业发展后续乏力。为重获全球信息技术领域领先地位，日本希望通过研究传感技术，在数字领域实现跨越式发展，带领日本信息产业实现赶超。可以说，日本物联网战略寄托着其信息产业重新奋起的希望。

一是设立高级别推进机构。受 1993 年 11 月美国媒体发表的日本信息化程度比较报告的刺激，1994 年，日本通商产业省（简称通产省，现已改组为

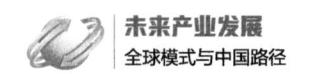

经济产业省)和邮政省(现已与总务厅、自治省合并为总务省)快速做出反应,提出"高度信息化方案"等。同年,日本内阁设立了"高度信息通信网络社会推进战略本部",首相担任本部长,内阁官房长官、邮政省大臣和通产省大臣担任副本部长,推进高度信息通信网络社会建设及相关国际合作。2000年,日本内阁设立IT战略本部,用其取代高度信息通信网络社会推进战略本部,以落实日本复兴计划,全面推进日本信息技术革命。高级别推进机构使日本信息主管部门在相关政策制定与执行中占据更核心的地位,发挥更大的作用,有力地促进了信息产业发展与经济复苏。

二是制定宏观战略政策措施。2001年,日本政府提出了"IT基本法",并陆续推出以"e-Japan""u-Japan""i-Japan"为代表的重大战略举措,有力地推动了物联网的持续发展与广泛应用。"e-Japan"战略是以宽带化为核心开展的基础设施建设,为物联网的发展奠定了基础;"u-Japan"战略旨在到2010年,建设出一个物体和人随时随地可连接的"泛在"网络社会;"i-Japan"战略旨在打造数字化社会,参与解决全球性重大问题,提升国家的竞争力,确保日本在全球的领先地位。通过相关法案和战略的实施,日本逐步完善了信息通信网络基础设施,构建了网络社会,探索出应用数字技术,推动了信息产业的快速发展。

三是重视信息人才培育。日本大多数重要信息宏观战略都将人才培养列为重要内容之一。"e-Japan"战略为日本经济振兴提供高素质人才,为信息产业发展奠定了人才储备基础;"u-Japan"战略提出通过信息通信技术的充分应用,促进社会系统的改革,解决教育人才、劳动力就业等问题;"i-Japan"战略主要聚焦三大公用事业之一——教育与人才培育。人才队伍建设为日本信息产业的发展持续提供智力支持。

21世纪初，信息产业成为日本经济复苏的重要力量。数据显示，2001—2007年，日本信息产业的实际GDP由50.807兆日元增长到70.902兆日元，增长约39.6%，大大超过全产业增长的11.3%。同时，信息产业发展推动了以网络经济为核心的"新经济"活动的发展，在一定程度上改善了日本的经济结构与产业结构。

三、市场主导资源配置的发展模式

市场主导的发展模式是指以市场为主、政府为辅的发展模式。市场主导资源配置的发展模式主要由市场决定资源配置方式，注重通过市场自由竞争进行资源的优化配置，企业与市场直接产生联系，企业以利润最大化为目标，根据市场上供求关系、产品价格等信息的变化，在市场竞争中自发地调整社会资源分配，从而实现生产要素的合理配置；而政府仅通过制定政策法规、参与科研项目等方式对未来产业发展进行方向指引和间接扶持。

采用市场主导资源配置的发展模式有利于激发企业的科技创新活力，使其主动研发和采用先进科学技术，以提高劳动生产率，从而获得市场竞争优势；有利于引导企业按照市场需要调整生产经营规模，转变生产经营方向，优化生产要素组合，促进产需有效衔接；有利于发挥市场优胜劣汰机制的作用，带动整个产业健康发展。但是，市场主导资源配置的发展模式具有自发性、盲目性和滞后性，可能造成社会总供给和总需求失衡、市场秩序混乱等问题。

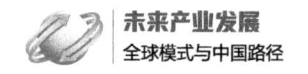

一般情况下，随着技术不断积累和产业日益成熟，市场将成为资源配置的主要力量，发达国家未来产业的发展以市场主导资源配置的发展模式为主。企业作为活跃的市场主体和创新主体，在政府、科研机构之前率先布局未来产业，并且带动未来产业从概念验证向中试熟化及产业化发展。

（一）初创企业裂变催生未来产业

1. 内涵解析

创新是初创企业发展战略的核心内容，初创企业的发展从一开始就与颠覆性创新密不可分。在创业初期，创业者可能有上百个创意涌现，但其中可能有80%以上的创意行不通，仅有一两个具有应用前景，因此创业者非常重要的工作是从众多创意和创新发明中做出选择，这对初创企业以后的发展至关重要。未来产业的核心技术具有前瞻性和前沿性，处于发展的早期萌芽或孕育孵化阶段，更接近初创企业自身的发展阶段。当未来产业处于早期萌芽或孕育孵化阶段时，产业规模和市场规模较小，随着初创企业裂变式发展，可以积极推动自身技术的突破或者市场规模的迅速扩大，从而使产业化进程提速。

2. 案例：我国初创企业裂变催生光伏产业崛起

2001年，整个光伏产业被欧洲、美国、日本把持着，世界排名前10的光伏企业有5家是欧洲的、4家是日本的、1家是美国的，这10家企业占据了92%的市场份额，垄断了86%的光伏电池市场。2000年，施正荣博士靠着自己的学识，手握十几项光伏专利，准备在光伏领域大展拳脚，在拜访了一些投资人和地方政府后，与无锡市政府达成了合作协议，并于 2001 年成立无锡尚德太阳能电力有限公司（简称尚德电力），致力于光伏组件制造等。2002 年，尚德电力建成了当时国内最大的 10MW 级太阳能电池，产能相当于此前 4 年全国太阳能电池之和。2004 年，德国更新《可再生能源法》，强制光伏发电并网，并给予空前的补贴，源源不断的出口需求让提前布局的尚德电力迎来了成立以来的第一波高峰，借此机会尚德电力进一步扩大规模。2005 年年底，尚德电力在纽约证券交易所上市。尚德电力迅猛发展的良好势头让跟随者看到了我国光伏产业的未来。

2015 年，我国推出"光伏领跑者计划"，对光伏组件转化率提出了更高的要求。隆基绿能科技股份有限公司（以下简称隆基绿能）凭借自身金刚线切割技术领先的优势及越发成熟的市场环境，开启了新一轮的狂奔，很快成为全球头部硅片供应商。2015 年，隆基绿能全年单晶硅片产品非硅成本同比降低 20.78%，高效单晶组件和常规多晶组件成本已基本持平；2020 年，隆基绿能单晶硅片产能达到 85GW，单晶电池产能达到 30GW，单晶组件产能达到 50GW。

初创企业通过积极推动自身技术的突破和市场规模裂变催生我国光伏产业崛起。2020 年，我国太阳能多晶硅料产能达到 39.2 万吨，占据全球太阳能多晶硅料产能的 71.9%；光伏电池产能达到 134.8GW；光伏组件产能达到 124.6GW。在 2020 年全球领先光伏产业前 20 强中，我国企业占据了其中的 15 个席位，拥有绝对的领先优势和规模优势。

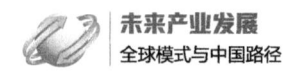

（二）龙头企业拓展辐射未来产业

1. 内涵解析

未来产业从孕育孵化阶段进入产业化、规模化阶段，需要新兴技术、前沿技术和颠覆性技术的突破和推动。颠覆性技术的突破与未来产业发展具备高度联动性，而颠覆性技术本身具有高风险性，这给未来产业的发展带来诸多的不确定性。若颠覆性技术的突破出现停滞，不仅会使前期投入的创新资源陷入沉没成本的考量中，更可能导致预期的未来产业无法进入实质发展阶段，从而被"扼杀"在萌芽中。当未来产业脱离概念验证，进入中试熟化阶段时，需要资金和技术实力雄厚、风险抵御能力强的龙头企业加入战场，助力未来产业的进一步成熟发展。

2. 案例一：龙头企业依托智算平台加快发展算力产业

算力是数字经济时代集信息计算力、数据存储力、网络运载力于一体的新型生产力，呈现多元泛在、智能敏捷、安全可靠、绿色低碳的发展趋势，已经成为赋能我国科技创新，助推产业转型升级，满足人民日益增长的美好生活需要的新动能。在 2022 年中国算力大会上，工业和信息化部相关负责人表示，我国算力产业规模快速扩大，近 5 年平均增速超过 30%，算力规模排名全球第二。据测算，2021 年，我国算力核心产业规模达 1.5 万亿元，其中云计算市场规模超 3000 亿元，人工智能核心产业规模超 4000 亿元，算力产业支柱作用越发凸显。

近年来，我国算力产业链条持续完善，包括算力设施、算力平台、算力服务等在内的具有国际竞争力的算力产业生态初步形成，一批具有示范效应的算力平台、新型数据中心及产业基地相继落地。2022年8月30日，阿里云宣布全面开放"飞天智算平台"，充分发挥基于云的数字化底座优势，提供更高效、更经济、更开放、更绿色的全栈智能计算解决方案，积极支撑数字经济高质量发展。阿里云已启动两座由"飞天智算平台"支撑建设的超大规模智算中心，它们分别位于张北和乌兰察布。其中，张北智算中心的建设规模达到12EFLOPS（每秒1200亿亿次浮点运算），超过谷歌（9EFLOPS）和特斯拉（1.8EFLOPS）的智算中心，是全球最大的智算中心，除电商场景外，还能够支撑AI大规模训练模型、数知地球（Analytical Insight of Earth，AI Earth）、虚拟数字人等人工智能前沿应用。乌兰察布智算中心的建设规模为3EFLOPS，主要服务自动驾驶、生物制药、科研探索、元宇宙等前沿行业及领域。

当前，飞天智算平台提供的全栈智能计算解决方案已全面服务阿里巴巴集团的人工智能实践。除此之外，飞天智算平台已经在工业能源、空间治理、科研实验、生命科学、自动驾驶等领域得到较多应用，并尝试在区域助力打造与智能计算相关的产业集群。

在工业能源领域，由上汽集团、张江高科和阿里巴巴集团联合打造的智己汽车运用高性能计算将工业仿真的效率提升了25%，智能驾驶训练效率提升了70%，加速了新车型的研发上市；浙能锦江环境利用人工智能算法与模型进行固废处理优化，运行稳定性和发电量都得到了提升；山东德州电力通过人工智能进行复核预测，准确率达到了98%，耗时从1小时缩短至几分钟。

在空间治理领域，雄安新区通过建筑信息模型（BIM）进行楼宇和环境

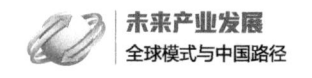

的三维建模，用数字孪生城市辅助城市规划设计；四川成宜高速通过数字孪生进行车路协同优化，使事故率降低60%；重庆水务通过遥感数据与仿真推演，实现水利调度预测准确性高达95%；南方电网与中国气象局利用智算能力提升气象预报的准确性与稳定性。

在科研实验领域，北京大学化学与分子工程学院利用智算平台进行靶向药物研究，让数据集的构建效率提升了100倍；资源与环境信息系统国家重点实验室利用智算平台建设了国际领先的"陆地表层系统模拟与计算平台"，从而对地球系统、重大地质灾害进行更深入的研究。

在生命科学领域，深势科技基于飞天智算平台将集群性能经优化后提升超过100%，让分子动力学仿真模拟训练效率提升了5倍。

在自动驾驶领域，小鹏汽车基于飞天智算平台在乌兰察布建设国内最大的自动驾驶智算中心"扶摇"，其算力规模达600PFLOPS（每秒60亿亿次浮点运算），将自动驾驶模型训练提速近170倍；毫末汽车基于飞天智算平台，实现128卡并行效率超96%，使自动驾驶模型训练成本降低62%，训练速度提升110%，使模型迭代周期大幅缩短。

3．案例二：韩国龙头企业布局显示面板产业并赶超日本

在第二次世界大战后的全球产业转移运动中，亚洲成了重要的承接生产制造的基地。韩国成为受益者之一。三星和LG都在此时进入蓬勃发展的制造业，凭借廉价的劳动力抢到了供应链的一席位置。此时的日本已经在高科技领域挑战欧美同行，韩国想要挑战日本的地位。三星和LG在20世纪80年代进入主要被美国、日本两国把持的半导体领域，两家公司初涉便迎来了

巨额亏损，三星甚至一度濒临倒闭。1997年，亚洲金融危机爆发，三星和LG通过逆周期投资（当行业进入萧条时期，原本领先的厂商大多会缩减生产和研发成本，如果此时加大投入，那么当行业开始繁荣时，就会得到巨大的回报，甚至一举超越对手）在半导体行业站稳脚跟，同时发现了一个比半导体发展更快的产品——液晶面板。

三星和LG开始投资液晶面板时，全球显示面板产业正经历衰退，两家公司通过大幅投资扩建生产线并支持先进技术研发，在日本开设研究所，雇佣大批专业工程师，与日本部分先进企业合作，交换专利和签署技术许可协议，获得了大批先进技术。同时，三星和LG通过大幅投资电视和显示器生产行业，部署实施了液晶面板产业链垂直整合战略，这一战略使韩国液晶面板产业领先世界。1999年，三星在全球液晶面板市场占据18.8%的份额，名列第一；LG占据16.2%的份额，名列第二。当TFT-LCD在全球兴起时，韩国已经成了推动产业革新的主力。三星和LG成为韩国显示面板产业的龙头企业，从起初的TFT-LCD面板到后来的OLED面板，韩国两大龙头企业是技术发展和产业落地的中坚力量。

2008年全球金融危机爆发，显示面板产业遭受重创，具有雄厚资金实力与技术实力的三星和LG公司发挥了自身强大的风险抵御能力，再次选择逆周期投资，布局技术研发，创新了源自日本的OLED技术。由于当时该项技术不成熟，难以实现量产，因此未受到日本厂商的重视，三星和LG经过多年的持续探索，解决了一系列OLED技术难题，最终实现量产并推出其商用产品。2017年，苹果发布的iPhone X采用三星的OLED全面屏。LG也在OLED电视市场上获得了巨大的优势，其大尺寸显示面板成为众

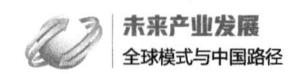

多 OLED 电视厂商的首选。可以说，韩国已经占据 OLED 显示面板产业的领先地位。

四、政产学研联合发展模式

政产学研深度融合的创新方式是指在政府部门的有效监管、控制或协助下，由政府、高校及产业研发单位共同实施科学合理的战略规划，打破壁垒，分工合作，推动创新要素活力的释放，从而实现各创新主体深度融合创新的方式。产学研产业创新的合作模式，通过产业技术、理论学习、科技研发和具体的应用项目实现了有机的融合，充分发挥高校、科研单位创新人才资源的作用，克服了企业在研发过程中人员匮乏、资金不足、装备有限等困难，从而降低了企业创新的盲目性，缩短了创新技术从研发到走向市场的时间，有效地减少了企业创新的失误，减轻了企业技术创新负担。该模式的推广与应用，可以调整或优化产业结构，从而提升未来产业的创新能力。一般来说，根据政产学研联合发展模式表征的不同，可将这种发展模式分为以下 4 个阶段。

一是探索阶段。这个阶段通过及时出台重要的技术战略规划与措施，推动技术及未来领域成为全球最具有生命力的经济增长点，同时它们也是全球资本增加的重要动力。

二是推广阶段。这个阶段基于逐渐完善的政策体系和法律制度，创建由政府引导、推动产学研之间密切和谐发展的合作制度，旨在加速科技成果向生产力转化，以及企业创新发展与科学技术产业化的步伐，并逐步形成产学研联合发展的良好运行机制。

三是转型阶段。这个阶段主要依靠自身力量实现创新发展，从而抢占未来经济与科技发展的制高点。一方面，相关部门高度重视基础研究，为自主创新发展提供基础性支撑和保障；另一方面，相关部门加强重点优势领域的自主研发能力，实现关键技术的攻坚克难。

四是突破阶段。这个阶段以"协同创新、深度融合"为发展目标，通过全面释放彼此间的"人才、资本、信息、技术"等创新要素活力而实现深度合作，从而形成产学研密切融合（"基础研究—人才培养—技术创新—产品研发—成果应用"）、上中下游连接、大中小企业经济协同的良性创新发展局面。

（一）产学模式

1. 内涵解析

产学模式是指未来产业相关企业与高校建立合作关系，通过项目驱动校企合作，整合校内外资源，实现优势互补的良性循环。在企业创新发展的过程中，特别依赖高校的研究成果、实验设备、专业人才和研究经验，而高校之间由于地理位置邻近和历史文化相似等，也会进一步提高协作的密切度，并且在协作的密切度和产出之间建立相互强化的正反馈联系，因此高校一直以来也被看作技术型企业创新最主要的外部技术来源。同时，从未来产业发展情况来看，技术创新是企业的主要职责，人才培养又是技术型企业成长的核心，因此企业在创新发展的各个步骤中都离不开各种专业技术人才。高校能够发挥教育、传播的功能，为企业培育技术创新型人才，并与企业形成交

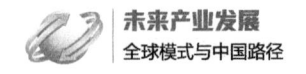

互机制，通过实践实现双向学习。基于此，可进一步将产学模式分为以下几种形式。

企业通过各种技术市场（技术交易会和招标会等）获得高校的科技成果。高校将技术成熟度较高、市场需求量较大、经济效益较高的成果投向技术市场，进而使企业获得科技成果。

高校与企业共同开展项目。一方面，高校与企业之间可通过优势互补，联合承接各类高新技术研究开发项目；另一方面，企业可委托高校进行科学研究、技术开发或提供其他技术服务，从而实现双赢。

企业与高校签订具有法律效力的长期合作协议。高校负责将优秀毕业生输送给企业，企业有责任接收高校毕业生，并让他们辅助企业进行技术研发。

企业向高校投资，参加高校的部分建设。企业可以通过加入高校董事会，拥有对高校人才培养的监督权；同时，高校会按照企业的需要来开展课题研究，聘任行业著名专家学者担任兼职导师，以此推动高校、企业联合研发，达到互惠共赢。

2. 案例：美国依托"波士顿128公路高科技园区"，实现电子通信和生物医药领域技术创新

在"硅谷"崛起之前，"128公路"是信息和通信技术公司集群的领导者，依托波士顿地区众多高校、科研院所和医院等资源优势，在专利、发明披露、技术许可、风险投资等方面形成了大量的公共补助，以及多元就业形态和多种产业基础，其独有的"128模式"深刻地影响了硅谷等高科技园区，并为后者所效仿。

早在第二次世界大战爆发之前，从麻省理工学院的一些研究实验室就分化出了一些企业，如离子公司、高电压公司和 EG-G 公司，它们是麻省理工学院为了将大学科研成果与企业相结合，促进科研成果迅速转化为商品而成立的，但那时候企业较为零散，发展速度十分缓慢。在第二次世界大战期间，在军事需求逐渐旺盛的背景下，马萨诸塞州对 128 公路进行了扩建，为该区域开辟了新的发展空间。到了 1965 年，公路周边有近 600 家科技企业，包括数字设备公司（DEC）、王安实验室（Wang Laboratories）、霍尼韦尔（Honeywell）等，形成了以纵向一体化为主、企业间相互独立的产业集群格局，"128 公路"也成为美国著名的电子产品创新研发中心。

20 世纪 80 年代后期，开放式发展模式促使硅谷开始取代"128 公路"，成为新的计算机工业中心，"128 公路"不得不寻求转型之路，并且以校企联动为主要手段。"128 公路"区域内除有麻省理工学院和哈佛大学之外，还有东北大学、巴布森学院、波士顿大学、布兰迪斯大学和塔芙茨大学等，有些教师和学生开始走出高校，以他们的技术资源优势，在该区域创建了一系列生物科技企业，使之发展成为美国知名的生物科技走廊，促进了该区域产业结构调整和经济社会发展。统计数据显示，在该区域内的 10 家顶尖生物科技企业中，有 8 家是由麻省理工学院的教师或毕业生独立创办的。2000 年，马萨诸塞州有 1065 家企业由麻省理工学院的教师或毕业生参与创建，这些企业约有 50%位于"128 公路"区域[1]。

与此同时，哈佛大学的技术与商标许可办公室、哈佛医学院技术许可和工业赞助研究办公室一起把高校技术转化到开发产品的商业部门。合作科技

---

[1] 原文来自新浪财经——美国 128 公路重生记。

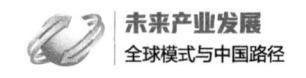

风险基金帮助高校培植纳米科技和神经科学领域的科技项目；哈佛生物技术俱乐部搭建工业和学术之间的桥梁，建立哈佛大学和生物技术、卫生保健领域企业之间的合作关系；哈佛工业伙伴分享计算机科学和电子工程领域前沿科学进展，鼓励哈佛大学研究团队与工业企业合作；哈佛技术和创业中心支持创新社区收集及交流知识，促进科学技术转化为社会利益的实践。目前，"波士顿128公路高科技园区"依托发达的工业集聚区域，以麻省理工学院和哈佛大学为核心，吸引了电子、远程通信、生物医药等企业和研发中心，形成了高技术产业园区，尤其在电子仪器和电子系统等领域实现了技术上的突破和革新。

（二）产学研模式

1. 内涵解析

随着全球科技的快速发展和未来科技产业竞争的日益加剧，在创新型国家建设的过程中，许多国家的高校和科研机构的角色逐渐发生转变，高校和科研机构也作为独立的个体参与科技创新，并迅速成为科技创新的主力军，其主要功能表现为对未来科技产业的基础性研究和专业人才的培养，产学研模式应运而生。因此，可以将产学研模式定义为：企业、高校及科研机构3种创新市场主体要素遵循"利益共享、风险共担、优势互补、共同发展"的基本原则，联合进行创新合作活动，并逐步完成"研发—生产—市场—研发"的良性循环。这种合作关系是社会主义市场经济和知识经济融合的必然产物，也是我国创新体制的重要组成部分。如今，世界各国都重视产学研融合在经济社会发展过程中的关键战略地位和作用，并根据自身实际情况打造了相应的产学研发展特色、建立了管理模式。产学研融合是国家增强自主创新能力，顺应世界科技经济一体化发展趋势的必然要求。

从产学研模式的具体合作形式来看，主要包括以下几种。

股份公司型合作形式。这种合作形式往往围绕某个研究课题开展深度研究并将其市场化，既要求具备相应的研究基础，也要求将成果市场化，以此获取科技收益与投资效益。因此，需组建相对独立的由企业、高校和科研机构参与的股份公司，该股份公司由原企业、高校和科研机构共同经营，它们在合作成果交换中形成利益共同体，最大限度地做到了收益共享和风险共担。

战略创新型合作形式。这种合作形式主要用来研究前瞻性、创新性和战略性问题，没有太多的成功经验可以参考，要求企业、高校和科研机构共同协作且相互支撑。通常，高校和科研机构的专家学者往往采用个人投资的方式加入合作，而研究成果一般由企业拥有，研究过程中建设的公共设施或平台属于社会公众共有。

成果拉动型合作形式。这种合作形式的基础是企业认为高校和科研机构的研究成果具有一定的市场潜力，同时高校和科研机构之间的合作可以实现由纯理论研究向实践应用转型。一方面，科研机构可为高校的研究成果寻找市场；另一方面，高校教师可为科研机构追踪学术动态和前沿课题，进一步加强它们之间的交流合作，有效地提高高校的技术创新能力。三者合作的目的和分工明确、利益分配明晰。

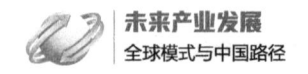

2. 案例：德国"ARENA2036"计划推进高端制造和新材料产业创新发展

"ARENA2036"的理念源于2012年秋德国联邦教育与研究部（BMBF）发起的一个"研究型校园"专题比赛项目，目的是"为新一代汽车构建积极的研究环境"[①]。该项目的前期研发工作主要分为"LeiFu"（多功能融合的智能轻量化制造）、"DigitPro"（新材料与新流程的数字化）、"ForschFab"（模块化与智能化生产）、"Khoch3"（创新、合作、能力转化）4个主题，借助各行业顶级人员跨部门的协同，进行制造流程和生产作业环境的全面革新。该计划的参与机构主要来自斯图加特大学、斯图加特内燃机与车辆研究所、德国宇航中心等4家科研机构，以及包括巴斯夫、西门子、贝尔自动化等在内的11家在机器人制造、大数据分析、自动化、三维测量、新型材料等领域的国际顶尖企业，通过产学研融合，积极建设"研究型校园"，以持续推动德国高校、科研机构和企业3个科技主体之间的协作，促使更多新型材料被广泛应用，以便更为经济、有效地适应并激发德国科技发展中的需求。

该计划取得成功的主要原因在于：一是合理利用了高校、科研机构的人才培养能力和资金集聚优势。"ARENA2036"计划充分发挥了德国高校、科研机构的人才资源优势，通过专项课题资助的方式，有效地扶持了人才培养和项目创新。2015年相关数据显示，德国联邦政府投入了1490亿欧元研究与开发（R&D）经费，较2014年增加了2.6亿欧元，较2005年增长了65%。

[①] 陈正，赵伟民. 德国大学参与协同创新机制研究：以ARENA2036计划为例[J]. 中国高等教育，2016（021）：60-62.

其中，德国联邦教育与研究部是投资最高的部门，总投资达到了880亿欧元。经费主要用于未来社会发展、经济发展及提高国民生活水平方面的科研，如数字经济和社区、可持续经济与能源、创新工作环境、健康、智慧交通、公共安全等主题。

二是通过探索协作方式，搭建跨学科、跨行业的协同模式，促进高校、企业、科研机构的务实与协同，从而建立全新的产学研链条。在人员方面，高校的人员可基于重大课题项目，同时就职于科研机构和企业；在课题研究方面，高校的研究成果可以同时是科研机构和企业所关注及需要的；在区位优势方面，研究所在地为德国著名的"汽车城"，截至2020年，已有35个不同的科研计划实施，其中包括欧洲最大的开放式移动创新平台Startup Autobahn。巴斯夫、博世、德国宇航中心、帝斯曼、费斯托、弗劳恩霍夫应用研究促进协会、西门子、通快等科研机构和科技企业都在这里开展科研项目，与斯图加特大学进行协作，为人类的未来汽车生活创造科学奇迹。

三是积极面对企业需求，以高校为载体，积极搭建校企合作平台。德国联邦政府从2019年起每年提供5.33亿欧元资助资金，至2022年增至6.87亿欧元，促进"精英大学"和"精英集群"计划的发展，这不仅能够极大地提升德国人才在研发创造过程中的核心作用，还为德国高校依托区位地缘优势，积极面对企业需求，充分发挥德国地域内产学研的资源优势提供了有利的条件。以精英大学——亚琛工业大学为例，通过建立尤利希-亚琛研究联盟，形成了诸如电子技术、生物医药等领域的实验室及研究机构，并对能源、材料、宇航、海洋、生命健康等进行长期跟踪研究。2021年，该联盟已有10个

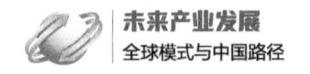

实验中心、2个项目评审中心，并且有科研人员 1000 余名，其中 400 名博士研究生、150 名硕士研究生。

（三）政产学研模式

1. 内涵解析

政产学研模式是指政府、企业、高校、科研机构及消费者等多种经济社会市场主体，在科技创新、产品开发及人才培养等领域，通过战略布局、团队合作、破除壁垒，将资源优势互补，促进创新型市场主体相互之间的深度合作，充分激发人才、资金、信息、技术等创新型因素的积极性，实现创新利益最优化的一种模式。政产学研模式的实质是采取以产养研、以研促产的方式，带动未来产业领域中的重点产业与拥有一定科技资源优势的科研机构、高校合作，攻克重点产业发展中的重大技术难题，抓住政府扶持政策带来的巨大机遇，促进科技创新成果的市场化与产业化。这种模式针对目前产业研究水平不高、所需投入大且期限长，没有能够承担科技研究的骨干企业，在完善政府政策支持的基础上，把高校、科研机构视为高新技术研发的新力量，从而填补产业研究领域的空白，对调整和完善产业结构、增强创新能力具有重要意义。

政产学研的融合是一种共赢模式，充分利用政府、企业、高校和科研机构的优势，从动力机制、共享机制、连接机制 3 个方面实现知识和技术的跨部门流动及共享。首先，政府通过设立技术贸易激励基金，激励企业关键技术攻关和科技成果转化，政府的扶持政策越来越给力，科技成果的转让也越来越活跃；其次，政府通过建立与地方区域的融合机制，为科学技术政产学研的深入融合建立有利平台，继续提高科技成果转化的承载能力；最后，政产学研的融合促使行政和生产领域深度一体化，构建出良好的生态环境，进一步提高科技成果转让转化的一致性。

2. 案例：日本政产学研深化合作促进半导体产业快速发展

日本政府是政产学研融合的创始者。早在 20 世纪 60 年代，日本就开始采取一系列措施，支持并指导高校、科研机构与产业界开展协作，以推动政产学研合作的新发展模式。20 世纪 80 年代中期，面对全球经济国际化发展趋势日益增强、市场竞争愈演愈烈的新形势，日本政府明确提出了科技立国战略，并促使企业开始积极探索与高校的合作，以克服科技资源与科研成果相对欠缺的弱点，并成立了"富山大学地区共同研究中心""神户大学共同研究开发中心""熊本大学地区共同研究中心" 3 家国立大学协作研究中心，并把政产学研合作视为日本政府推行科技立国战略的一个关键措施。自进入 20 世纪 90 年代以来，日本政府积极推动政产学研融合发展，把高校、科研机构与企业的科技能力通过联合研发机制、奖学捐赠资金机制、委托研发机制等有机结合起来，开展技术攻关。2001 年、2002 年和 2015 年，日本政府分别推行了"产业集群计划""知识集群计划""新经济成长战略"，重点发展机器人、新能源、半导体等领域。

从日本政产学研模式的成效来看，日本在半导体技术方面获得了巨大的优势。日本政府每年投入半导体技术研发的资金都在 2 亿美元以上，而且持续了 20 多年。正是由于政府的决心和策略的持续稳定，激发了很多企业转向发展半导体技术的热情，并以比政府投资高很多倍的更大投入发展半导体事业。同时，在企业半导体芯片所需要的材料生产方面，日本政府通过鼓励

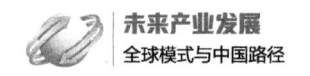

企业与科研机构、高校之间合作，大力推进技术壁垒突破与技术创新，实现了在硅晶圆、合成半导体晶圆、光罩、光刻胶、药业、靶材料、保护涂膜、引线架、陶瓷板、塑料板、卷带自动结合（TAB）、覆晶薄膜（COF）、焊线、封装材料 14 种重要材料方面均占有全球 50% 及以上份额，日本半导体材料行业在全球范围内长期保持绝对优势。

政府的支持促使产业和科研机构合作，并使各半导体企业将新一代半导体的开发生产线和规格整合为一，共享半导体技术，减少了各半导体企业在开发上的资源浪费，使各半导体企业能够专注提高竞争领域的研发力度，增强了日本半导体产业的国际竞争力。2007 年，11 家知名的半导体企业共同组建了尖端系统级芯片基础技术开发公司（Advanced SoC Platform Corp，ASPLA），参与的企业有东芝、日本电气、日立、三菱电机、富士通、松下、罗姆、索尼、夏普、三洋电机、冲电气。新公司将在日本电气相模原事业所建设试制生产线，进行 90 纳米工艺基础技术的开发及产品试制，促进基于半导体理工学研究中心（STARC）于 2001 年 8 月发表的标准设计工具的工艺标准化及知识产权共享。

五、产业集群式发展模式

产业集群是指在一定区域内大量企业及相关支撑机构（如金融机构、保险机构等）在地理空间上的集聚。产业集群式发展模式与政府主导资源配置的发展模式、市场主导资源配置的发展模式、政产学研联合发展模式多有重叠。未来产业是技术知识密集型产业，未来技术更新换代带动产业升级，未来产业集群会向更高阶段演进。具体来讲，未来产业集群可分为 4 个发展阶段。

一是形成阶段。有一家或几家主导企业，其他企业向主导企业靠近，形成空间集聚。这些企业在技术上具备一定的相关性，可以进行交流协作，能够分享相关知识和信息。但总体来看，新材料企业间的联系相对灵活、松散，还未形成有机协同网络。

二是成长阶段。产业集群内的企业关联度逐渐提升，上下游企业分工逐渐清晰，产业配套逐渐完善，产业集群生态逐渐形成。产业集群内企业间知识和信息的交流、创新活动等增多，技术创新速度加快，技术引领型企业出现，并且这些企业逐渐成为龙头企业。大量产业相关企业被吸引进集群，产业集群规模逐步扩大。这个阶段产业集群创新活动活跃、技术创新外溢性和集聚资源能力极强。

三是成熟阶段。产业集群内未来产业企业之间、上下游企业之间形成了稳定的合作关系，各类配套设施完善，产业链基本完整，产业集群形成完善的有机协同网络。产业集群内龙头企业的国内外影响力增强，中介机构等迅速发展。这个阶段的产业集群内企业数量、资源拥有量等达到较高水平。在成熟阶段后期，产业集群创新速度减慢，创新效率降低，产品容易出现同质化。此时产业集群内部竞争加剧，"拥挤"效应显现，产业集群发展速度放慢，达到一种相对平衡状态。

四是升级阶段。产业集群内各企业加大技术创新投入，在提升原有产品性能的同时，开发新工艺、新技术、新产品，开拓新市场，推动技术更新换代，推动产业集群进入新的发展阶段。随着产业转型升级和产业融合发展逐渐加速，产业集群一般会呈现两种发展趋势：一是产业集群内的产业由单一化向多样化发展；二是产业集群与外部其他产业集群融合发展。

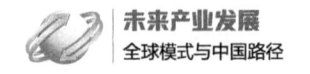

(一)内部互动发展模式

1. 内涵解析

当多个产业集聚在一起时,需要考虑产业之间的互动发展。不同产业的地位存在主导和辅助的关系,根据不同产业的地位,可进一步将内部互动发展模式细分为星形发展模式、单核发展模式、多核发展模式等[①]。未来产业集群选择何种发展模式应根据所处区域的产业环境和经济发展需求来综合考虑。**星形发展模式**是指在产业集群发展初期,没有占据主导地位的优势产业,多个未来产业仅仅依靠传统意义上的知识链、价值链和物流链进行联系,彼此之间的合作机会非常少,协同关系也很弱。**单核发展模式**是指在一个产业集群内,有一个产业在总体规模、生产能力、产品结构和战略地位上都处于主导地位,能够通过自身发展带动产业集群内其他产业的发展,并且其他产业对主导产业具有一定的依赖性。**多核发展模式**是指产业集群内具有关联的有多个主导产业,它们均处于优势地位,对产业集群内的其他产业都具有重要影响,产业集群的发展不会过度依赖单一的产业,因此产业集群具有比较强的适应性及稳定性,整个产业集群的发展潜力和抵御风险的能力也都相应增强。

2. 案例:美国硅谷高技术产业集群不断演化

第二次世界大战期间,战事的需要和物资的匮乏使得美国国防部对硅谷地区投入了大量的资金,这些资金主要用于集成电路创新研发,这使得

---

① 宋歌. 战略性新兴产业集群式发展研究[D]. 武汉:武汉大学, 2013.

第三章 | 站在过去看未来：全球未来产业发展模式分析

硅谷地区成为这一时期国防工业企业的集聚地。此时，硅谷产业集群并未形成占据主导地位的优势产业，这一时期硅谷产业集群的发展属于星形发展模式。

从 20 世纪 50 年代起，集成电路走出国防领域，开始成为日常消费品，硅谷开始集聚以生产计算机芯片为主的半导体企业。1959 年至 1976 年，硅谷的半导体企业成立了 45 家，而美国其他地区仅有 5 家半导体企业。因此，20 世纪 70 年代，硅谷成为美国最负盛名的半导体产业基地。此时，硅谷产业集群的主导产业只有单一的半导体产业，这一时期硅谷产业集群的发展属于单核发展模式。

20 世纪 80 年代至 90 年代，美国国防领域对集成电路的需求逐步下降，其他国家的半导体产业逐渐兴起，硅谷的半导体集成电路产业为个人计算机制造和互联网的普遍化发展奠定了物质基础及人才基础。全球个人计算机工业浪潮及互联网经济发展进一步使软件服务行业获得迅速发展。从 20 世纪 90 年代起，曾从事半导体开发和制造的企业逐步开拓信息技术（IT）业务，新型 IT 企业不断创立。硅谷地区企业数量在 20 年间增加了 2000 多家，而且就业人数从 10 万人上升至 267 万人。此时，软件和信息服务业也成为硅谷的主导产业，IT 的经济模式逐渐成熟，硅谷成为全球知识经济中心。目前，硅谷仍然集聚了大量在业务上具有联系的半导体企业、计算机企业、互联网企业、软件企业等，如苹果、谷歌、惠普、英特尔、甲骨文、思科等，还有大量相关的配套企业。这一时期硅谷产业集群的发展属于多核发展模式。

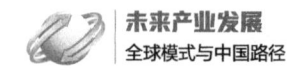

（二）外部区域协同发展模式

1. 内涵解析

产业集群除采用内部互动发展模式外，还需要与外部区域合作，即多个产业集群协同发展，通过"协同发展"可以对区域各相关产业的发展产生"1+1>2"的推动作用。根据协同理论，协同可以使系统内的各子系统由无序的状态向有序的状态快速转化，减少各子系统之间的摩擦，从而产生系统整体效应。

采用何种模式推动未来产业的协同发展，关键在于该区域的特点及产业的生命周期，即要针对区域的产业发展基础、产业发展特点及产业的生命周期选择具体的协同发展模式。能够进行产业集群协同发展的**城市群一般具有独特的区位优势、产业比较优势、科技创新优势**等。这些城市群一般是由几个特大城市和若干中小城市组成的，都毗邻世界级海港和航空港，都有发达的高速铁路和高速公路等陆路交通网络，都依托陆海空交通体系建立起非常发达的物流体系，区域内的交通成本和交易成本相对较低等。这些城市之间的资源禀赋具有一定的差异，且产业结构互补性较强；能够形成区域协同创新平台、创新共同体，打破产业界限、区域界限，贯通产业链，重组产业资源。

2. 案例一：日本太平洋沿岸工业带为催生未来产业奠定基础

日本太平洋沿岸工业带是世界上工业生产密度最高的地区，也是日本人口密度最高的地区，还是日本经济最发达和工业产值最高的地区，主要包括京滨、中京、阪神、濑户内海、北九州五大工业区及其周围的县[①]。京滨工业区的高技术产业基础雄厚，在机械工业、信息技术、新能源汽车、海洋科学和生物医药等产业领域居日本前列。名古屋工业区域是中京工业区的核心，其木材加工业、纺织和陶瓷工业居全国首位，汽车产业、钢铁工业、机械与金属加工、精密仪器、化学工业等也很突出。阪神工业区中的大阪港和神户港是日本非常重要的贸易港，重点发展造船、钢铁和机械等工业。濑户内海工业区是日本最大的新兴产业工业区，新兴产业以新能源、新材料及海洋产业为主；北九州工业区是日本半导体产业及集成电路的基地，被誉为"硅岛"，以电子与信息技术为代表的新一代信息技术产业达到世界顶尖水平。

第二次世界大战后，日本开始发展以钢铁产业、机械工业、石油化学工业为主的重化工业，由于本身自然资源缺乏和国内市场狭小，因此制定了"贸易立国"策略，着力布局临海产业，打造"进口资源—加工产品—出口成品"的产业结构。为方便原材料的进口和产成品的出口，日本在太平洋沿岸港口附近建设重化工企业，在厂区设置专用港口。日本太平洋沿岸工业带逐步形成。在日本太平洋沿岸工业带的发展过程中，日本政府在政策方面给予了大力支持。在日本临海工业发展的起步期，政府出台了《公有水面埋立法》，鼓励企业填海造田，以开发临海工业用地。为发展临海港口，日本政府制定了《港湾法》，划定港口和航运区域，极大地推动了港口和航运的发展。为实现"国民收入倍增计划"，日本相继颁布了《全国综合开发规划》和《新全国综合开发计划》，确定了环太平洋地区优先发展的策略。为了调整产业结构，日本颁布了《第三次全国综合开发计划》，提出"科技立国"，临海工业带开始

---

① 贾亚丽. 国外模式对青岛与济烟战略性新兴产业协同发展的启示[J]. 青岛职业技术学院学报, 2019, 32（02）: 10-16.

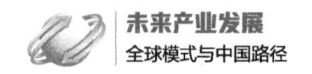

由资源密集型重化工业向技术密集型高技术产业转型。筑波科学城位于京滨工业区，是由日本政府主导并协调地方公共组织和其他相关单位共同建设的国家级科学园。通过加强与工商业的合作及国际上的交流合作，筑波科学城拥有约300家企业、高校及科研机构，上万名科学家、工程师等研究人才，成为日本最大的研究开发中心。此外，在基础设施建设、人才引进、财政补贴和税收优惠等层面，日本政府也制定了相关的法律和规章制度，对日本太平洋沿岸工业带的发展起到了良好的促进作用。

3. 案例二：欧洲西北部莱茵河流域城市群通过区域协作合理布局未来产业

欧洲西北部莱茵河流域城市群位于大西洋东岸，由荷兰、比利时、德国、卢森堡、法国、瑞士等莱茵河流域8个国家的部分地区构成[1]，主要包括大巴黎地区城市群、莱茵-鲁尔城市群、荷兰-比利时城市群，是世界六大城市群之一，其核心城市有巴黎、阿姆斯特丹、鹿特丹、海牙、安特卫普、布鲁塞尔、科隆等。城市群沿莱茵河干流形成了若干工业区，主要有鲁尔工业区、鹿特丹工业区、斯特拉斯堡工业区、巴塞尔-米卢斯-弗莱堡工业区、莱茵-内卡工业区和法兰克福-莱茵-美因工业区等。其中，鲁尔工业区是德国也是世界上重要的工业区，在新材料、新能源和高端制造等领域处于世界领先地位。斯特拉斯堡工业区是法国的新兴工业中心，新材料和智能交通产业发达，是莱茵河流域的现代工业核心区。巴塞尔是生物技术及精细化工产业的中心，是世界十大制药公司中的诺华和罗氏的总部所在地。此外，波恩的信息技术产业在全球有名，杜塞尔多夫在高端装备制造、生命科

---

[1] 穆一戈. 长三角战略性新兴产业协同发展模式与机制研究[D]. 上海：上海工程技术大学，2015.

学、通信等领域均具有独特的优势，拜耳、强生、蒂森克虏伯、汉高等世界500强企业在此集聚。

莱茵河流域交通便利，贸易活跃，市场机制成熟。但一个跨国区域，很容易出现产业块状分割现象，无法使莱茵河流域整体利益最大化，难以实现统筹协调发展。因此，该城市群应该建立良好的区域协同发展机制，以有效地处理不同国家和不同城市之间的利益关系。在此过程中，由各大企业出头，各国政府助力，发展出了超国家组织，如"欧洲煤钢共同体"（现已与欧洲经济共同体及欧洲原子能共同体合并，统称欧洲共同体）和"莱茵河保护国际委员会"等区域协作组织，协调多国、多城市签订了若干具有法律效力的区域协作公约。通过区域协同发展机制，莱茵河流域城市群建立了众多新兴工业园区、国家级科研创新机构，逐渐形成了成熟的产业发展格局。该模式迅速扩展到莱茵河流域的其他产业上，并明确了区域内各城市在新兴产业发展中的分工及各自的产业发展方向，形成了较为合理的产业布局。

第四章 | Chapter 4

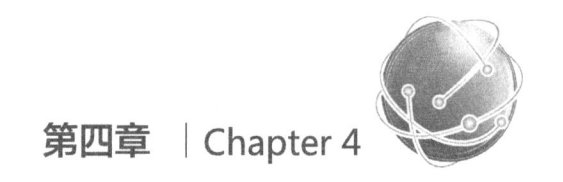

站在未来看未来：未来产业成长性评估分析

一、理论基础

（一）产业发展萌芽期深度研究

传统意义上，通常将产业的生命周期分为 4 个阶段：萌芽期、成长期、成熟期和衰退期。从历史的角度来看，许多产业的发展基本遵循产业生命周期理论，经典理论在现实中得到了很好的印证。鉴于未来产业具有动态、阶段性特征，并且通过梳理分析现有未来产业发展态势可以发现，目前我国未来产业大多仍处于萌芽期，尚不具备规模化发展的条件。因此，本书对产业生命周期理论下的萌芽期进行深度分析和阐述，从而总结出更符合未来产业发展特征且更具有针对性的理论。

萌芽期是指某个产业刚刚形成，要素投入、产出规模和市场需求缓慢增长的阶段。根据产业生命周期理论对萌芽期内涵的表述可以发现，产业生命周期中的萌芽期指的是整体产业发展的初期，不但与产业的进入方式、发展环境等市场因素密切相关，与企业自身（如产业规模、研发能力、竞争行为等）显著相关，而且与产品特征（如产品类型、技术水平、制造能力等）相关。下面从市场、企业和产品 3 个层面深度研究产业发展萌芽期的特征。

1. 市场层面

产业在形成的最初阶段，由于技术创新或新产业类型的出现，市场需求和发展潜力较小，只能被少数消费者认识并接受，此时该产业只有少数企业

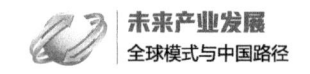

布局，技术水平较低，自然垄断性凸显。随着产品不断升级，逐渐被消费者认可，市场需求不断增加，但由于对市场变化的应对不够及时，市场供给相对较小，并且市场上存在诸多不确定因素，产业进入壁垒较高，风险较大，因此参与产品研发的科研机构较少。随着产业发展水平逐渐提升，大量企业进入市场，技术水平相对成熟，此时市场需求和产品供给都在不断增加，逐渐形成一种全面竞争的局面。

2. 企业层面

在产业发展萌芽期，随着技术创新和市场新需求的产生，取得先发优势的企业占据主导地位并基于主导地位获得巨额利润。与此同时，政府也因鼓励企业快速发展而给予倾斜性扶持，投资风险不断降低，产业发展环境逐渐改善，使得大量投资者开始对该产业进行投资，进行进一步产业创新和技术研发，企业规模也随之迅速扩大，但此时产业仍处于发展初期，企业规模整体来说仍较小，尚未形成产业集群，仍主要靠技术研发不断增强市场竞争力。随着市场容量逐渐变大，要想更好地生存，相关企业需要不断扩大规模，或者借助产业集群的优势，同时通过不断提升产品技术水平、产品应用性来增加市场收入和增强市场竞争力，这也进一步促进企业不间断地创新和壮大。

3. 产品层面

产品的优劣取决于技术完善性和制造精细度等方面，并最终体现在产品的市场价值上。反过来，产品的市场价值也在某种程度上能够表征产品的技术水平和制造工艺。产业在发展的过程中，产品的技术水平和制造工艺也在不断发生变化。在萌芽期，随着产品市场需求增加和市场潜力显现，大量企业尝试进入该领域，但此时产品技术和制造工艺还不够完善、稳定。随着大量投资者进入该领域，一些企业为了提升市场竞争力和争夺市场主流技术，往往将产品技术改进和创新作为主要任务，此阶段的产品质量得到迅速提升，产品供给能力也迅速增强。然而，产品供给大量增加导致产品价格随后出现迅速降低的趋势，市场也逐渐出现完全竞争态势，此时企业往往只能通过不断扩大产品应用范围、提高智能化制造水平等方式参与竞争。

（二）未来产业成长性评估体系研究

当前，未来产业的发展具有许多异于传统产业的特征，因此对未来产业成长性的评估及解读，需要全面考虑未来产业的发展特征和现实发展需求，对传统产业萌芽期进行修正、完善，使得修正后的理论模型更加贴合实际，能够在模型中更加客观、真实地反映每个未来产业发展的具体特征。

纵观产业发展历程，同时基于产业发展萌芽期理论深度研究可以发现，产品和市场是产业发展理论的主旋律。**一方面，产品的技术创新程度和制造工艺水平将激发市场需求和发展潜力**。企业通过技术创新等方式提升产品质量，以便拓展市场，同时通过引领市场需求促使消费者改变其偏好。**另一方面，市场需求和发展潜力也将推动产品技术革新**。也就是说，由于市场需求的变化，对产品和技术提出了更多明确的要求，促使产品质量提升，进而制造出更适销的产品，最终满足市场的新需求，可以说市场需求是产品技术进步的主要动力。但是，仅对产品和市场进行单一分析还不够准确和完整，产品革新是一个演进的过程，预期市场规模会影响企业的研究成本，二者关系紧密。创新成果与包括市场因素在内的环境密不可分，二者相互匹配。因此，**在探讨产品和市场之间的关系时，应将二者作为一个整体、一个系统来看，即产品的成长性和市场的成长性更趋向多方向互动**。

基于此，从产品成长性和市场成长性的互动关系角度出发，结合未来产业发展实际，对未来产业成长性进行解读和象限划分。目前，产业成长性象限评估法已成为业界公认、通用的产业发展状况评估和衡量方法，下面通过运用产业成长性象限评估法对未来产业所处象限进行全面的、系统性的评估，构建未来产业成长性评估体系（见图 4-1），从而明确我国未来产业发展态势，为识别并提出现阶段我国未来产业重点发展领域提供科学的依据。

市场成长性高于产品成长性象限	产品成长性与市场成长性均较高象限
产品成长性与市场成长性均较低象限	产品成长性高于市场成长性象限

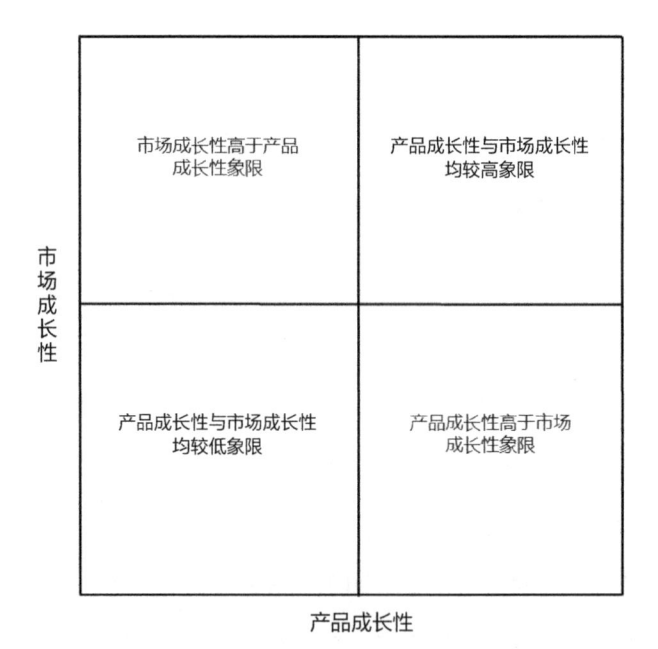

图 4-1　未来产业成长性评估体系示意图

产品成长性与市场成长性均较低象限。此象限的主要特点是产品成长性和市场成长性均处于相对较低水平。未来产业尚处于发展的初级阶段，其产品技术和制造工艺仍停留在概念、原理和方案层面；市场发展潜力明显不足，研发能力有限，发展环境有待改善。

产品成长性高于市场成长性象限。此象限的主要特点是产品成长性相对较高,但市场成长性处于较低水平。未来产业产品在技术创新和制造工艺上有所进步,但市场需求和发展环境匹配度差,需要通过不断进行产品技术创新促进市场培育和发展。

市场成长性高于产品成长性象限。此象限的主要特点是市场成长性相对较高,但产品成长性处于较低水平。未来产业市场需求旺盛、发展环境相对优越,产品具有较大的市场潜力,但产品质量水平尚未满足市场需求,市场需求将进一步刺激未来产业产品技术革新。

产品成长性与市场成长性均较高象限。此象限的主要特点是产品成长性和市场成长性均处于相对较高水平。未来产业的要素投入和技术研发均处于迅速增长阶段,发展环境较为优越,市场潜力大,产品或服务在性能、成本等方面的优势得到了肯定,并初步形成了规模化、产业化和市场化发展趋势。

未来产业成长性评估分析如表 4-1 所示。

表 4-1 未来产业成长性评估分析

分析维度	产品成长性与市场成长性均较低象限	产品成长性高于市场成长性象限	市场成长性高于产品成长性象限	产品成长性与市场成长性均较高象限
产品成长性	产品技术和制造工艺仍停留在概念、原理和方案层面	产品在技术创新和制造工艺上有所进步,产品成长性相对较高	产品质量水平尚未满足市场需求,产品具有较大的市场潜力	要素投入、技术研发均处于迅速增长阶段,产品或服务在性能、成本等方面的优势得到了肯定
市场成长性	市场发展潜力明显不足,研发能力有限,发展环境有待改善	市场需求和发展环境匹配度差,需要通过不断进行产品技术创新促进市场培育和发展	未来产业市场需求旺盛,市场需求将进一步刺激未来产业产品技术革新	发展环境较为优越,市场潜力大,初步形成了规模化、产业化和市场化发展趋势

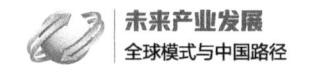

二、未来产业成长性评估

我国积极参与全球经济合作,提出要前瞻谋划未来产业,将未来产业视为推动下一轮科技革命、实现产业优化升级和革新转型的重要方向,以科学、客观的态度对未来产业发展状况进行评估,全面、准确地把握未来产业发展趋势,是我国在日益激烈的国际科技和产业竞争中占得先机的必要前提。

(一)未来产业成长性评估指标体系及准则

下面采用定性与定量综合集成的方法对未来产业成长性进行系统评估。首先对技术成长性和制造成长性分别进行评估,进而集成出产品成长性;同时综合考虑未来产业研发潜力、发展环境和市场潜力,进而集成出市场成长性;基于产品成长性和市场成长性评估结果最终得出未来产业成长性综合评估结果,从而构建出集产品成长性和市场成长性于一体的未来产业成长性评估指标体系(见图4-2)。

1. 产品成长性

产品成长性是量化产品研发进展情况和预期目标满足程度的标准,分为5个等级:理论样件、概念样件、实验样件、初试工程产品、工程化产品。等级越高,代表生产水平越高,即1级生产水平最低,5级生产水平最高。因此,产品成长性主要表现在两个方面:一是外部技术性能逐渐提高的过程,可以通过技术成长性评估确定;二是内部制造工艺、材料和过程控制的发展进程,可以通过制造成长性评估确定。因此,产品成长性是将技术成长性和

第四章 | 站在未来看未来：未来产业成长性评估分析

制造成长性评估结果综合集成而得到的。

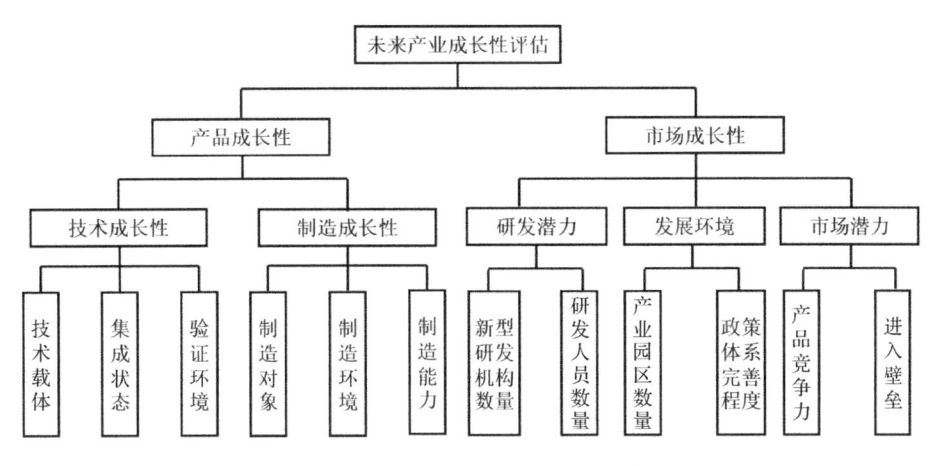

图 4-2 未来产业成长性评估指标体系

（1）技术成长性。

技术成长性是指针对某个特定系统或项目的技术发展状况，客观地反映技术对预期目标的满足程度。技术成长性评估主要评估技术载体、集成状态、验证环境的发展状况。技术成长性评估准则如表 4-2 所示。

表 4-2 技术成长性评估准则

技术成长性	评估准则
1	观察或看到支撑该技术的基本原理
2	提出将基本原理用于系统中的设想
3	关键功能初步通过实验室环境验证
4	部件级实验室产品通过实验室环境验证
5	初级产品通过模拟使用环境验证
6	高级演示产品通过模拟使用环境验证
7	原型产品通过典型使用环境验证
8	试行产品通过测试和交付试验
9	试行产品通过小规模应用验证
10	试行产品通过规模化应用和考验

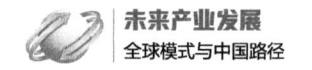

（2）制造成长性。

制造成长性能量化反映制造能力在技术转化为产品或系统过程中对预期目标的满足程度。在产品研发过程中，不能只关注技术发展，制造能力的不断提升同样重要。根据典型项目制造管理实践案例，制造水平的发展过程是指从提出制造概念到形成初步生产能力的全过程，体现了从研发到工业化生产的发展流程。

制造成长性评估注重评估制造对象、制造环境、制造能力的发展状况。制造对象指新技术应用载体，其成长流程划分为理论样件、概念样件、实验样件、初试工程产品、工程化产品；制造环境指制造生产所需场所，可分为实验室初试环境、相关生产中试环境、典型小批量生产环境、终试产线环境、规模化生产环境；制造能力的发展可分为实验室模拟阶段、试验制造阶段、初试阶段、中试阶段、规模化生产阶段等。制造成长性评估准则如表4-3所示。

表4-3 制造成长性评估准则

制造成长性	评估准则
1	确定制造内涵
2	确定制造方案
3	制造方案的可行性得到初步验证
4	能在实验室环境下制造样件
5	能在生产环境下制造原型部件
6	能在一般生产环境下制造原型系统或子系统
7	能在典型小批量生产环境下制造系统、子系统或原型部件
8	初试生产线通过验证，具备初试生产能力
9	初试生产能力通过验证，准备开始中试生产
10	中试生产能力通过验证，转向规模化生产

产品成长性综合集成如表4-4所示。

表4-4 产品成长性综合集成

产品成长性	技术成长性（TRL）	制造成长性（MRL）
理论样件	TRL1	MRL1
理论样件	TRL2	MRL2
理论样件	TRL3	MRL3
概念样件	TRL4	MRL4
概念样件	TRL5	MRL5
概念样件	TRL6	MRL6
实验样件	TRL7	MRL7
实验样件	TRL8	MRL8
初试工程产品	TRL9	MRL9
工程化产品	TRL10	MRL10

2．市场成长性

市场成长性是一项评估产品市场状态的标准，反映新技术产品在导入市场后对预期目标的满足程度。市场成长性等级是度量产品或服务市场需求程度和发展潜力的标准。这两项标准都可以用于量化市场发展过程。市场成长性可划分为5个等级，从1级到5级是由低到高排列的，市场成长性评估指标体系如表4-5所示。

表4-5 市场成长性评估指标体系

市场成长性		1级	2级	3级	4级	5级
研发潜力	新型研发机构数量	暂无相关研发机构出现	针对某一领域形成初步探索，研发机构初创	研发力度有所增加，研发机构逐渐增多	研发力度持续增加，研发机构随之增多	研发机构数量出现突破，初步形成多领域研发体系

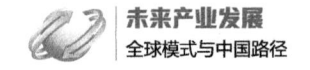

续表

市场成长性		1级	2级	3级	4级	5级
研发潜力	研发人员数量	未来产业定位不明确,研发人员明显不足	研发人员有所增加	研发人员进一步增加,研发团队初现	研发人员不断增加,研发团队不断壮大	研发人员持续增加,初步形成全链条式研发架构
发展环境	产业园区数量	暂无企业布局相关产业	研发生产只集中在少数企业,产业集中度较低	从事产品研发生产的企业逐渐增加,产业园区初现	从事产品研发生产的企业持续增加,产业园区数量不断增加、规模不断扩大	产业集中性愈发强烈,初步形成具有较强产业特色的多类型园区
发展环境	政策体系完善程度	政策体系极不健全,尚未出台相关政策文件	开始进行政策体系探索	依托产业优势,思考前瞻布局	尝试构建未来产业政策体系,编制出台相关文件	出台若干配套性政策文件,政策体系相对完善
市场潜力	产品竞争力	预期具有较强的竞争力	竞争力优势初现	竞争力优势显现	竞争力优势明显	竞争力优势持续增强
市场潜力	进入壁垒	处于核心技术研发阶段,技术壁垒极高	少数企业掌握核心技术,技术壁垒高	核心技术实现初步应用,技术壁垒降低	规模经济效应初现,进入壁垒转而增强	规模经济效应增强,进入壁垒较高

3. 未来产业成长性评估及象限划分

未来产业成长性评估采用定性和定量相结合的方式,重点把握从技术原理、制造生产到成熟市场发展环境的客观规律,并根据流程最终确定产业成长性的不同等级。未来产业成长性评估是通过分析技术原理、制造生产、市场环境等相关指标的统计信息,对未来产业所处象限及阶段进行整体评估的过程。因此,未来产业成长性评估结果及其对应的象限反映了产品成长性和市场成长性的综合集成情况。未来产业成长性评估综合集成如表4-6所示。

第四章 | 站在未来看未来：未来产业成长性评估分析

表 4-6 未来产业成长性评估综合集成

未来产业成长性评估及象限划分	产品成长性（PRL）	市场成长性（MML）
产品成长性与市场成长性均较低象限	PRL<3	MML<3
产品成长性高于市场成长性象限	PRL≥3	MML<3
市场成长性高于产品成长性象限	PRL<3	MML≥3
产品成长性与市场成长性均较高象限	PRL≥3	MML≥3

（二）未来产业名词库

通过对国内外文献、各国重点法案、权威咨询机构发布的报告等进行梳理，再结合我国现有产业态势，可以将我国部署的未来产业分为六大领域：信息技术领域、先进制造领域、生命健康领域、深海空天领域、能源环境领域、新型材料领域。未来产业领域及其细分产业如表 4-7 所示。

表 4-7 未来产业领域及其细分产业

未来产业领域	细分产业
信息技术领域	量子智能计算、脑科学与类脑智能、多模态智能、沉浸技术、自主无人系统、跨媒体感知计算、类脑智能计算、群体智能、混合增强智能、未来网络、6G 通信、太赫兹等
先进制造领域	先进制造技术智能设备、尖端材料制造、无人驾驶、新型传感器、工业机器人等
生命健康领域	基因与细胞技术、早期诊断和精确医学、生物育种与生物制造、生物合成、靶向递送、人造器官、生命信息解读、全新剂型及高端制剂、精准药物开发等
深海空天领域	现代海洋与生物、超高音速技术、太空推进技术、深海装备、海上无人装备、海洋电子信息、空天信息、先进遥感等
能源环境领域	低能耗技术、低碳工业、低成本核能、可持续生物燃料、无碳氢技术、可控核聚变技术、高能量密度储能等
新型材料领域	先进高分子材料、高端金属结构材料、新型无机非金属材料、高端锂离子电池负极材料、先进复合材料、快速反应形状记忆合金材料、高熵合金、石墨烯基新材料等

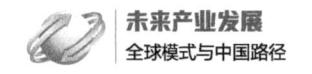

（三）未来产业成长性评估流程

根据前文对未来产业成长性评估的分析，从评估内容来看，重点是技术成长性、制造成长性和市场成长性；从评估方法来看，重点是评估指标权重值的确立、评估结果的汇总及评估表的内容设计；从评估流程来看，重点是要做好产业成长性的自评估和综合评估工作。

1．未来产业成长性评估表

基于上述评估指标选取方法及思路，这里通过设计、绘制未来产业成长性评估表对关键指标数据进行收集和筛选，并确立评估指标权重值。这里主要采用模糊互补判断矩阵法确立评估指标权重值，输出结果即指标权重值，之后根据权重向量和评估矩阵得到综合评估结果。评估表的内容在满足评估工作数据收集需求的同时，应尽可能简洁明了，便于统计汇总（参见表4-6）。

2．评估工作流程

未来产业成长性评估主要分为两个阶段：领域自评估阶段和综合评估阶段。在开展评估之前，应建设由未来产业成长性评估支撑人员、领域专家，以及研究机构、重点高校、代表性企业等中对未来产业领域和前沿技术较为熟悉的第三方评审专家组成的团队。首先，对若干产业方向的多个细分领域开展评估表填写，填写好未来产业所处象限及阶段评估表；然后，根据反馈的各领域的评估表，组织专家开展综合评估讨论和数据分析汇总。未来产业成长性评估实施流程图如图4-3所示。

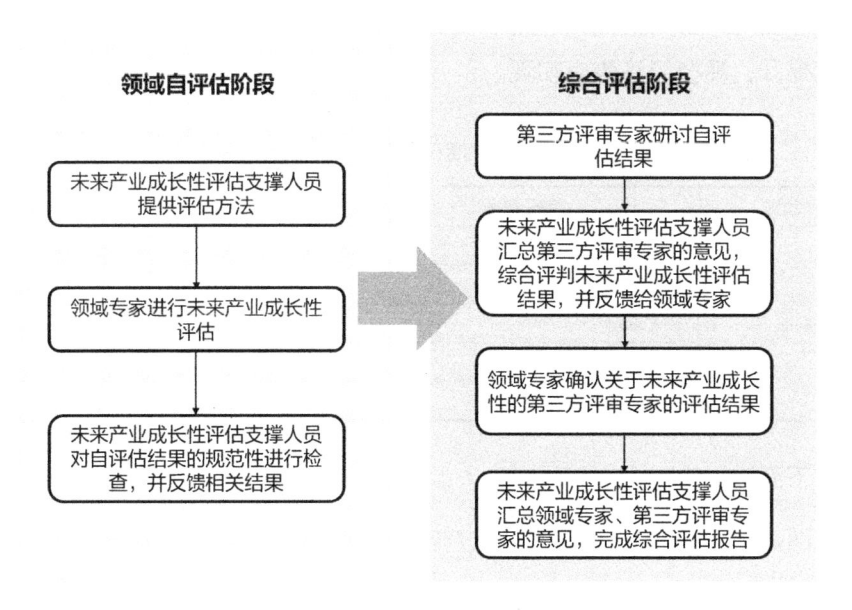

图 4-3　未来产业成长性评估实施流程图

（四）未来产业成长性评估结果与分析

下面基于未来产业成长性评估及象限划分方法，对未来产业名词库中六大领域及其子领域进行系统评估，并以先进制造领域为例，对其 5 项具有代表性的细分产业进行分析。

先进制造领域 5 项具有代表性的细分产业的产品成长性和市场成长性如表 4-8 所示。先进制造技术智能设备、尖端材料制造和工业机器人 3 项细分产业制造成长性相对较高，生产线能力得到初步验证，具备实现规模化生产的前置条件。但从技术成长性来看，先进制造技术智能设备、尖端材料制造、无人驾驶和新型传感器 4 项细分产业技术均处于初级试验阶段，在关键技术攻关、零部件功能提升及产品系统集成等方面存在瓶颈，尚待突破，这也导致其产品成长性均处于相对较低等级。此外，工业机器人产业方向的市场成长性较其他 4 项细分产业具备一定的优势，市场发展潜力和市场需求程度大

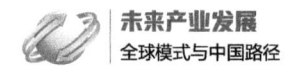

幅度提升，规模经济效应初现。

表4-8 未来产业成长性评估结果统计（部分）

领域	细分产业	产品成长性	市场成长性
先进制造	先进制造技术智能设备	2	2
	尖端材料制造	2	2
	无人驾驶	2	3
	新型传感器	2	1
	工业机器人	3	4

下面进一步对六大领域 49 个重点发展方向进行象限划分，并利用象限分布图对其进行可视化展示，通过统计和对比分析，明确未来产业各领域发展重点，针对评估中反映的制约产业发展的因素，提出相关具体建议。

六大领域未来产业象限分布图如图 4-4 所示。

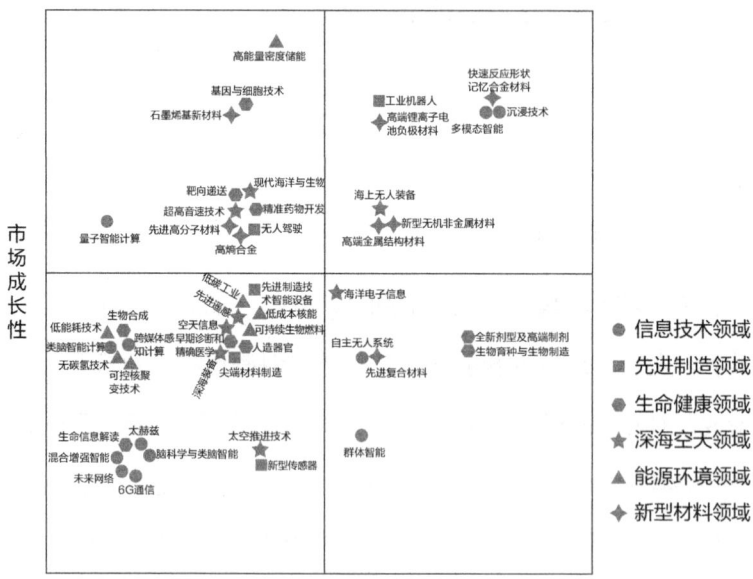

图 4-4 六大领域未来产业象限分布图

产品成长性与市场成长性均较低象限：该象限为未来产业主要集聚区，信息技术领域、能源环境领域、深海空天领域和生命健康领域广泛分布于该区域，普遍存在产品技术不过关、市场发展潜力不足等问题。从细分领域来看，该象限以信息技术领域为主，包含类脑智能计算、太赫兹、未来网络、6G通信等未来产业重点发展方向，约占重点发展方向总数的15%。针对该区域未来产业发展，应加大政府投入和引导力度，优化产业扶持政策、财税补贴政策、金融惠及政策、创新导向政策、人才引培政策、市场环境改善政策落实机制，探索技术攻关新型举国体制，推进未来产业技术化、产业化发展。

产品成长性高于市场成长性象限：该象限仅包含先进复合材料、海洋电子信息、群体智能、生物育种与生物制造、全新剂型及高端制剂、自主无人系统等未来产业细分领域。处于该象限的未来产业技术成长性较高，但缺乏一定的产业规模和优越的市场环境，市场应用程度普遍较低。针对该区域未来产业发展，应围绕核心产品优势资源着力打造配套产业链，同时根据市场需求变化，适时调整产品类型和产品功能，从而提升产业市场经济发展动力。

市场成长性高于产品成长性象限：未来产业各领域在该象限分布较为分散，六大未来产业重点领域均有涉猎，包括石墨烯基新材料、基因与细胞技术、现代海洋与生物、无人驾驶、量子智能计算等细分领域，表现出产品成长性不足但市场需求性相对较强。针对该区域未来产业发展，应充分发挥政府引导作用，以未来产业市场为主体，通过引导重大科技创新项目建设，促进资金、资源逐渐向未来产业产品倾斜，解决具有高潜力性未来产业产品技术研发、制造水平和供给能力不足等问题。

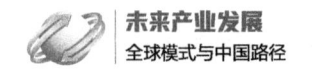

产品成长性与市场成长性均较高象限：该象限以新型材料领域为主，同时包含工业机器人、沉浸技术、多模态智能、海上无人装备等细分领域，具有产品成长性和市场成长性均相对较高态势，初步迈入规模化、产业化发展阶段。针对该区域未来产业发展，应考虑以市场为主，适当减少政府干预，一方面要进一步促进未来产业产品整体向尖端化、智能化、绿色化、低碳化方向发展，注重产品对社会生活便捷性和舒适性的提升；另一方面要注重配套保障政策的有效实施，加强畅通的协调运行机制建设，依靠市场的调节和法律制度的规范保障未来产业发展运行秩序。

第五章 | Chapter 5

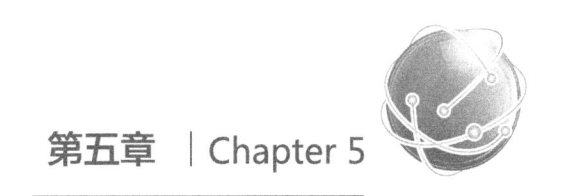

我国未来产业发展现状及面临的形势

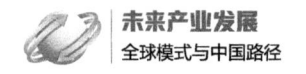

一、发展现状

（一）产业布局逐步清晰

随着未来产业概念与体系、内涵与外延、技术与生态日益清晰，谋划布局未来产业已成为培育壮大经济发展新动能、推动实现高质量发展的有效途径。国家与地方对未来产业的布局主要通过先导、前沿、战略性新兴产业或数字经济的相关规划先行体现。"十四五"规划、《"十四五"数字经济发展规划》针对类脑智能、量子信息、基因技术、未来网络、深海空天开发、氢能与储能等共识性未来产业重点领域进行了前瞻布局。此后，科学技术部、工业和信息化部等部门针对国家技术创新中心、新一代人工智能创新发展试验区、机器人、区块链、科技伦理等相关领域开展了部署，进一步明确了目标、原则和方向。同时，未来产业成为多个省份及城市群在"十四五"时期重点布局的领域。例如，安徽省提出"实施'3+N'未来产业培育工程，前瞻布局量子科技、生物制造、先进核能等产业"；浙江省提出"在人工智能、区块链、第三代半导体、空天一体化、新能源、前沿新材料等优势领域建设一批未来产业先导区，积极创建国家级未来产业先导试验（示范）区"；山西省提出"重点培育未来数字、未来材料、未来能源、未来装备、未来生活五大未来产业重点领域"；《长三角 G60 科创走廊建设方案》提出，"加快培育布局量子信息、类脑芯片、第三代半导体、基因编辑等一批未来产业"。此外，各地区已开始以未来产业先导区先行先试的模式进行"自下而上"的路径探索，从未来产业本身或者趋势演变的方面着手尝试构建未来产业发展萌芽期蓝图。例如，浙江省提出率先打造未来产业先导区，统筹部署建设区域集聚、网络协同两类未来产业先导区；河南省提出到 2025 年在全省布局建设 20 个左右的未来产业先导区；深圳市提出打造"6+5"未来产业核心承载区，根据资源禀赋与产业创新基础，合理规划 5 年至 10 年和 10 年至 15 年有望成长为战略性新兴产业的两类未来产业发展。

（二）政策力度持续加大

"十三五"以来，在未来产业重点领域，国家和地方层面出台了一系列发展规划、行动计划、实施方案等产业政策文件，并且政策密度和力度呈现不断加大的趋势，未来产业发展政策环境日益优化。一方面，国家高度重视未来产业的发展，陆续出台了与未来产业相关的一系列政策文件，从国家部委、多部委联合到中共中央、国务院，政策层级逐步提升，未来产业发展迎来重大机遇。例如，2021 年，国家发展改革委、中央网信办、工业和信息化部、国家能源局联合印发《全国一体化大数据中心协同创新体系算力枢纽实施方案》，提出优先满足虚拟现实/增强现实（VR/AR）、智能工厂等实时性要求高的业务需求。工业和信息化部等八部门联合出台《"十四五"智能制造发展规划》，指出着重攻克 4 类关键核心技术，包括基础技术、先进工艺技术、共性技术及人工智能等在工业领域的适用性技术。2022 年，中共中央办公厅、国务院办公厅印发《关于加强科技伦理治理的意见》，提出制定生命科学、医学、人工智能等重点领域的科技伦理规范、指南等，完善科技伦理相关标准，明确科技伦理要求，引导科技机构和科技人员合规开展科技活动。另一方面，地方省市未来产业相关政策加快落地，抢占未来产业发展先机。2013 年，深圳市率先发布《深圳市未来产业发展政策》，这是我国地方层面第一个关于未来产业发展的政策文件。自 2021 年以来，各地方政府为了把握未来产业发展的时间窗口，密集出台了一系列政策，给未来产业营造了较好的发展环境。国家和部分省市出台的未来产业相关文件如表 5-1、表 5-2 所示。

表 5-1　国家出台的未来产业相关文件

时间	发布单位	文件	相关内容
2022 年	中共中央办公厅、国务院办公厅	《关于加强科技伦理治理的意见》	制定生命科学、医学、人工智能等重点领域的科技伦理规范、指南等，完善科技伦理相关标准，明确科技伦理要求，引导科技机构和科技人员合规开展科技活动
2021 年	工业和信息化部等八部门	《"十四五"智能制造发展规划》	攻克 4 类关键核心技术，包括基础技术、先进工艺技术、共性技术及人工智能等在工业领域的适用性技术
2021 年	国家发展改革委、中央网信办、工业和信息化部、国家能源局	《全国一体化大数据中心协同创新体系算力枢纽实施方案》	优先满足虚拟现实/增强现实（VR/AR）、智能工厂等实时性要求高的业务需求
2021 年	工业和信息化部、国家发展改革委等十五部门	《"十四五"机器人产业发展规划》	推进人工智能、5G、大数据、云计算等新技术融合应用，提高机器人智能化和网络化水平，强化功能安全、网络安全和数据安全
2021 年	工业和信息化部	《新型数据中心发展三年行动计划（2021—2023 年）》	推动新型数据中心与人工智能等技术协同发展，构建完善新型智能算力生态体系
2021 年	科学技术部	《科技创新 2030——"新一代人工智能"重大项目 2021 年度项目申报指南》	以推动人工智能技术持续创新和与经济社会深度融合为主线，围绕大数据智能、跨媒体智能、群体智能等五大方向持续攻关
2021 年	工业和信息化部、中央网信办	《关于加快推动区块链技术应用和产业发展的指导意见》	明确到 2025 年，区块链产业综合实力达到世界先进水平，产业初具规模；到 2030 年，区块链产业综合实力持续提升，产业规模进一步壮大

续表

时间	发布单位	文件	相关内容
2020年	国家发展改革委、中央网信办	《关于推进"上云用数赋智"行动 培育新经济发展实施方案》	支持在具备条件的行业领域和企业范围探索大数据、人工智能、云计算、数字孪生、5G、物联网和区块链等新一代数字技术应用和集成创新
2020年	科学技术部	《国家新一代人工智能创新发展试验区建设工作指引(修订版)》	全面提升人工智能创新能力和水平,打造一批新一代人工智能创新发展样板,探索智能社会建设新路径
2020年	教育部办公厅	《未来技术学院建设指南(试行)》	在面向未来经济社会发展的基础性、关键性领域,凝练独具优势的、基于专业交叉的未来技术特色
2020年	科学技术部	《关于推进国家技术创新中心建设的总体方案(暂行)》	绩效评估主要内容包括承担国家重大战略科技任务、实施关键技术攻关、引领行业技术进步等方面的情况
2020年	科学技术部	《长三角科技创新共同体建设发展规划》	提升能够引领未来产业发展方向的技术创新策源能力
2019年	人力资源和社会保障部、工业和信息化部	《关于深化工程技术人才职称制度改革的指导意见》	围绕国家重大战略任务和未来产业发展方向,对工程系列相关评审专业进行动态调整
2018年	教育部	《高等学校人工智能创新行动计划》	对照国家和区域产业需求布点人工智能相关专业
2017年	科学技术部	《国家技术创新中心建设工作指引》	开展战略技术、前沿技术和关键共性技术研发,为抢占未来产业制高点提供政策和技术支撑
2017年	国务院	《新一代人工智能发展规划》	提出了面向2030年我国新一代人工智能发展的战略目标、重点任务等,部署构筑我国人工智能发展的先发优势

表5-2 部分省市出台的未来产业相关文件

时间	省市	文件
2022年	浙江省	《关于浙江省未来产业先导区建设的指导意见》
2021年	山西省	《山西省"十四五"未来产业发展规划》
2021年	河南省	《河南省"十四五"战略性新兴产业和未来产业发展规划》

续表

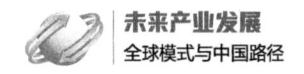

时间	省市	文件
2022年	深圳市	《深圳市人民政府关于发展壮大战略性新兴产业集群和培育发展未来产业的意见》 《深圳市培育发展未来产业行动计划（2022—2025年）》 《深圳市福田区支持战略性新兴产业和未来产业集群发展若干措施》
2022年	南京市	《关于支持南京高新区打造全链条孵化体系、培育创新型产业集群及未来产业的实施细则》
2022年	九江市	《关于加快推动九江未来产业发展的指导意见》
2021年	北京市	《北京市关于加快建设全球数字经济标杆城市的实施方案》
2021年	北京市	《北京市"十四五"时期高精尖产业发展规划》
2021年	上海市	《上海市战略性新兴产业和先导产业发展"十四五"规划》
2020年	成都市	《成都建设国家新一代人工智能创新发展试验区实施方案》
2020年	杭州市	《杭州市建设国家新一代人工智能创新发展试验区若干政策》
2019年	北京市	《北京促进人工智能与教育融合发展行动计划》
2019年	成都市	《成都市加快人工智能产业发展推进方案（2019—2022年）》
2019年	大连市	《大连市新一代人工智能发展规划》
2018年	沈阳市	《沈阳市未来产业培育和发展规划（2018—2035年）》
2013年	深圳市	《深圳市未来产业发展政策》

（三）核心技术不断突破

我国在先进通信、量子信息、人工智能、卫星互联网等领域超前布局，加快技术创新攻关，核心技术多点开花，接连取得重大突破。在6G太赫兹通信领域，依托中国电子科技集团有限公司的博微太赫兹公司自主研发了太赫兹通信系统，全球首颗6G实验卫星——"电子科技大学号"在太原成功发射，并在太空进行了全球首次太赫兹空间通信技术实验，同时我国紫金山实验室创造了全球太赫兹无线通信最高实时传输纪录，领先地位突出。在量子信息方面，中国科学院、清华大学、浙江大学等研究机构及阿里巴巴、华为、本源量子等科技公司已取得多项世界领先水平的研究成果，量子通信处于国际领先水平，并成为目前世界上唯一在多个物理体系和领域达到"量子优越性"里程碑的国家。在人工智能领域,各个研究方向研究成果不断突破,成熟的 AI 技术逐渐向代码库、平台和系统发展,推动人工智能发展迈向新的阶段。从通用技术来看,机器学习、自然语言处理、计算机视觉等领域不断催生新算法、新模型、新范式,为人工智能产业发展提供了更多的可能性;从技术框架来看,AI 框架正朝着全场景支持、超大规模 AI、安全可信等技术特性深度探索,不断实现新的突破。在卫星互联网方面,低轨卫星依托轨道高度优势,时延指标可以基本实现与地面系统相媲美。在宽带化方面,伴随宽带通信技术创新,卫星通信带宽已实现从 Mbps 级至 Gbps 级的大幅度升级。以银河航天首发星为例,该卫星是我国首颗由商业航天公司研制的 200 千克量级的低轨宽带通信卫星,采用 Q/V 等通信频段,具备 10Gbps 速率的透明转发通信能力,可通过卫星终端为用户提供宽带通信服务。随着卫星研制技术的成熟,卫星互联网系统在整体制造成本方面具备更加显著的优势,同时使用寿命得到了延长。

(四)融资环境得到改善

近年来,党中央、国务院等陆续发布相关文件,以激发国内资本市场活力,基础制度体系更加趋于成熟。2021 年年底,北京证券交易所(简称北交所)开市,全面打通中小企业直接融资的路径,构建未来产业大中小企业融通发展的新格局。2021 年 12 月 8 日,中央经济工作会议指出,全面实行股票发行注册制,进一步优化了前瞻性、颠覆性创新资本支持模式。2022 年 5 月,中国人民银行印发《关于推动建立金融服务小微企业敢贷愿贷能贷会贷长效机制的通知》,明确要推动科技赋能和产品创新,提升企业会贷的水平。2022 年 5 月,国务院发布《国务院关于印发扎实稳住经济一揽子政策措施的

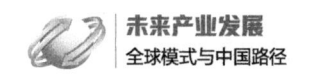

通知》，明确用好政府性融资担保等政策、加大普惠小微贷款支持力度、提高资本市场融资效率等措施，进一步优化产业创新融资环境。与此同时，我国金融机构基金规模不断扩大，投融资环境进一步改善。根据《中国资本市场年度观察报告（2021）》相关数据，2021年，我国公募基金规模突破25万亿元，基金数量超过9000只；私募基金规模突破19.7万亿元，百亿元私募达到104家。北交所主题权益类基金产品、首只由外资独资公募基金公司发行的权益类产品等新产品不断涌现，产品创新能力和行业口碑不断提升。以人工智能产业投融资为例，根据业界统计，2021年全球人工智能产业投融资金额为714.7亿美元，同比增长90.2%；我国人工智能产业投融资金额为201.2亿美元，同比增长40.4%。

（五）平台载体建设提速

当前，我国"平台+载体+实验室"的产业创新体系逐步完善。在大科学装置方面，作为前沿领域创新的基础支撑和必要条件，我国多个区域中心城市竞相部署大科学装置。合肥市在建、已建的大科学装置主要聚焦能源环境、信息技术、生命健康等领域，如离子医学中心、聚变堆主机关键系统综合研究设施等；上海在建、已建的大科学装置包括硬X射线、上海光源二期等。大科学装置在未来产业基础技术重大突破方面发挥着举足轻重的作用，将有力地推动我国未来产业的发展。在新型研发机构[①]方面，目前我国新型研发机构主要分布在广东、江苏、上海、浙江、北京等经济

---

① 2019年，科学技术部发布的《关于促进新型研发机构发展的指导意见》对新型研发机构进行了如下定义：新型研发机构是聚焦科技创新需求，主要从事科学研究、技术创新和研发服务，投资主体多元化、管理制度现代化、运行机制市场化、用人机制灵活的独立法人机构，可依法注册为科技类民办非企业单位（社会服务机构）、事业单位和企业。

发达地区。在全国重点实验室方面，作为未来产业高端科技创新型人才培养基地，部分全国重点实验室依托大学、研究院所、企业等单位，面向未来技术进行研发布局。与未来产业相关的部分新型研发机构及其研究方向如表 5-3 所示。

表 5-3　与未来产业相关的部分新型研发机构及其研究方向

机构名称	研究方向
之江实验室	智能感知、人工智能、智能网络、智能计算、智能系统等
鹏城实验室	以网络通信、网络空间和网络智能为主要研究方向，开展领域内战略性、前瞻性、基础性重大科学问题和关键核心技术研究
姑苏实验室	主要包括电子信息材料、能源环境材料、生命健康材料等
紫金山实验室	面向网络通信与安全领域国家重大战略需求，以引领全球信息科技发展方向、解决行业重大科技问题为使命
北京智源人工智能研究院	勇闯人工智能科技前沿"无人区"，挑战推动人工智能理论、方法、工具、系统和应用取得变革性、颠覆性突破
北京量子信息科学研究院	面向世界量子物理与量子信息科技前沿，力争在理论、材料、器件、通信与计算、精密测量等基础研究方面取得世界级成果
北京脑科学与类脑研究中心	重点围绕共性技术平台和资源库建设、认知障碍相关重大疾病、类脑计算与脑机智能、儿童青少年脑智发育、脑认知原理解析 5 个方面开展攻关，实现前沿技术突破
山东未来网络研究院	打造立足山东、服务国家、面向世界的工业互联网重大科技创新平台，为山东省制造业转型升级、加快新旧动能转换、实现高质量发展提供有力支撑

资料来源：赛迪智库整理

（六）市场主体抢先布局

随着未来产业顶层设计不断优化，我国先进通信、量子信息、人工智能、卫星互联网等领域企业纷纷开展新一轮战略布局。在先进通信方面，华为、中国移动、中国电信和中国联通等企业，基于未来网络架构、通信感知融合、确定性体验、智能原生、安全可信和绿色低碳等领域技术创新开展战略合作。

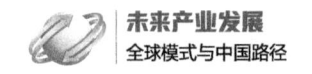

在量子计算领域，我国互联网巨头阿里巴巴、腾讯、百度等企业，采取积极与国内重点院所合作成立量子实验室等科研机构的方式，前瞻布局量子处理器、量子计算云平台等；本源量子等企业在量子处理器、开源软件平台和量子计算云平台等方面进行了探索。在量子通信领域，华为、中兴等设备商，与运营商中国移动、中国电信和中国联通等企业合作开展政务、能源、金融等领域量子通信场景创新相关工作，聚焦量子信息网络关键技术和使能组件进行攻关，同时参与国际电信联盟和国际标准化组织等量子通信标准的制定。在卫星互联网方面，北斗系列关键技术攻关及核心产品研发取得新进展，规模化应用稳步推进。

与此同时，我国在布局未来产业的过程中仍然存在一些问题。

产业基础能力薄弱。一是科技综合创新能力与发达国家相比仍存在一定的差距。根据世界知识产权组织（WIPO）发布的《2021年全球创新指数报告》，2021年，我国全球创新指数排名第12位，与瑞士、瑞典、美国、英国、韩国、荷兰、芬兰等国家相比存在一定的差距。二是互联网等领域企业研发实力及影响力需进一步提升。根据业界对2016—2021年中国和美国互联网企业基础科研产出情况的分析数据，从企业数量来看，美国有微软、Alphabet等12家企业有论文被Scopus收录，居首位；我国排第二位，有阿里巴巴、百度、腾讯、小米4家企业[1]。从汇总量来看，美国互联网头部企业论文数（27 458篇）是我国同类企业（7 113篇）的近4倍。从影响力来看，美国有10家互联网头部企业超过30%的论文发表在领域内前10%的期刊，我国只有3家企业（阿里巴巴、腾讯和百度）。三是部分前沿技术产学研用一体化程度不够。近

---

[1] 隆云滔，王韵，王晓明. 全球互联网头部企业科研产出[J]. 中国科学院院刊，2022.

年来，美国未来产业创新推动者包括科技型企业、社会资本、研发机构、高校及科技园等，其多元化、协同化的前沿技术研究体系正逐步完善。以生物科技领域为例，根据公开数据，在1978年之前，美国基于生物科技的成果转化率只有5%，20世纪90年代初期科研成果转化率迅速攀升至80%。对比欧美发达国家科技成果40%左右的转化率，我国在这一数据上仅为15%左右，科技成果转化率存在较大差距，亟待取得突破。

部分关键核心技术对外依赖度高。当前，我国在未来产业核心基础零部件、核心软件、先进基础材料及工艺等方面仍需进一步发力，在抢占未来产业创新竞争中优势不明显。在滤波器及其关键材料方面，美国、日本等国家是主要贡献者，主要供应商包括安华高、日本京瓷、TDK公司、爱普科斯、美国Trans-Tech、CoorsTek公司等。碳化硅（SiC）等第三代半导体产业的基础材料，以及核心技术和市场龙头企业主要集中在欧洲、美国、日本等发达国家和地区。美国曾占有全球碳化硅晶片产量70%以上的份额，行业集中度高。在物联网传感器方面，基于技术研发和产业培育周期长、资金投入高等因素，全球传感器知名龙头企业主要集中在美国、日本、德国等国家，其市场占有率高，行业龙头企业包括博世、意法半导体、爱普科斯、德州仪器、霍尼韦尔、罗克韦尔、英飞凌、易腾迈、飞利浦和亚德诺半导体等。在高端芯片领域，全球芯片设计核心技术大部分被英特尔、高通、ARM、意法半导体、德州仪器等一批龙头企业垄断。在芯片研发和制造领域，代表企业包括英特尔、恩智浦、亚德诺、德州仪器、意法半导体等。

相关领域研究人才缺乏。就未来产业相关高科技领域而言，我国是人才大国而非人才强国，高端技术人才匮乏，不能满足未来产业的发展需求。一

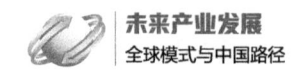

是我国前沿科技重点领域人才缺口较大。近年来，随着新一代信息技术飞速发展，通信、大数据、人工智能等前沿领域人才缺口扩大。以人工智能为例，根据浙江大学中国科教战略研究院、百度于2022年1月联合发布的《中国人工智能人才培养报告》，我国人工智能人才缺口超过500万人。二是R&D人员投入不断增加，但仍处于相对落后水平。根据《中国科技人才发展报告（2020）》相关数据，2019年，我国R&D人员全时当量[①]是日本（2018年数据）的5.4倍、俄罗斯（2018年数据）的6.3倍。但从R&D研究人员在R&D人员中的占比来看，我国R&D研究人员占比仅为43.9%，世界主要国家大多在50.0%以上，韩国R&D研究人员占比高达81.5%；从万名就业人员中R&D人员全时当量[②]来看，我国R&D人员投入强度达到62.0人年/万人，R&D研究人员投入强度达27.2人年/万人，而丹麦、韩国等国家的万名就业人员中R&D人员数量是我国的3倍以上。可见，我国R&D人员投入强度仍然较低，高端科技人才缺乏的问题仍然突出。三是在企业层面，前沿、战略人才培养机制不健全。美国、德国在未来产业推进中，企业发挥先锋队作用，通过孵化器项目合作、与应用科学大学合作开展研究、政府与企业在未来产业领域共同推进常驻研究员机制等方式，培养专业性、战略性、储备性人才。相比而言，我国通信、互联网等企业开展相关项目数量相对较少，符合企业发展需求的特殊人才选拔和评价机制灵活度不足。

对未来产业培育的风险性评估不足。 由于未来产业存在高度的不确定

---

① R&D人员全时当量是指全年90%以上工作时间从事R&D活动的人员的工作量与非全时人员按实际工作时间折算的工作量之和。

② 国际上通常用万名就业人员中R&D人员全时当量来评估一个国家R&D人员的投入强度，其在一定程度上能反映全社会劳动人员的素质水平。

性，在培育和发展未来产业时开展科学的风险评估至关重要，目前我国在未来产业风险评估方面尚缺乏成熟经验和理论的指导。一是现有产业风险评估尚缺乏成熟经验和理论的指导。现有大部分产业结构研究以美国、欧洲、日本等国家和地区为对象，对发展中国家产业结构调整过程中理论创新、前沿产业等问题的探讨不足。因此，培育未来产业面临很大的投入产出风险，进行系统性风险评估尚缺乏有效的模式。二是发展未来产业的政策面临与发展战略性新兴产业、成熟产业截然不同的选择，目前在政策方面也缺乏参考。同时，相关部门不具备技术、市场等方面的信息优势，以前针对成熟产业实施的有效的产业化政策难以适用。如果过多采用普惠的方式运用土地、税收及财政补贴等手段鼓励和支持未来产业的发展，又容易导致企业不根据实际情况，"一窝蜂"布局未来产业，从而可能导致无序发展及企业骗取优惠等严重问题。

对未来产业概念和内涵认识不足。一是国家层面对未来产业的定义相对模糊。"十四五"规划、《"十四五"数字经济发展规划》对类脑智能、量子信息、基因技术等共识性领域进行了总体布局，但对未来产业概念和内涵缺乏明确的解释条款。二是地方政府部门对未来产业体系的理解各不相同。通过对地方未来产业相关文件进行梳理，发现未来产业大部分出现在战略性新兴产业或数字经济相关规划中，很多地方将未来产业界定在一些现有前沿科学的细分分支中。三是一些地方的未来产业布局本质上还聚焦现阶段、本地化产业。近年来，一些地方提出的未来产业布局重点，大部分还是基于本地已经启动、布局或者试点的卫星通信、海洋经济等战略性新兴产业，并未从未来产业本身或者趋势演变的方面着手。

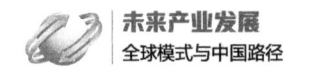

二、面临的形势

（一）机遇

1．未来产业是"十四五"时期乃至更长时间我国产业发展的战略举措

我国政府准确认识到未来产业对国家战略和未来经济发展的重要性，高度重视未来产业的发展和布局。我国强调抓紧布局数字经济、生命健康、新材料等战略性新兴产业、未来产业，大力推进科技创新，着力壮大新增长点、形成发展新动能。"十四五"规划明确提出，要"前瞻谋划未来产业"。未来产业的发展和布局已上升至国家级战略层面。当前，我国经济由高速增长阶段转向创新驱动高质量发展阶段，部分先进产业发展迈入了"无人区"，加强前瞻部署和发展未来产业，不仅关乎我国在全球竞争格局中的位置，也关乎我国第二个百年奋斗目标的实现。一方面，我国当前新型工业化步伐显著加快，围绕国家发展的重大需求，以未来产业为引领，探索适合我国经济高质量发展的机制及措施、打破前沿技术等创新要素的壁垒，便于贯彻落实国家创新驱动发展战略和推进供给侧结构性改革。另一方面，近年来，我国持续融入全球产业链和分工体系，稳步推进由初级制造国到先进制造和服务国的转变。从全球产业链来看，业界一些专家认为，我国在全球产业链的上游环节和下游环节参与度都比较高，居于产业链的枢纽位置。基于全球世界产业分工面临第三次转型机遇，我国应加快布局未来产业的步伐，坚定不移地走新型工业化道路，努力推动"中国制造"向"中国创造"转型升级，积极融入国际产业链和价值链体系，不断提升产业自主发展能力与核心竞争力，在最大限度嵌入全球分工体系的同时，把经济风险降到最低。

2. 国家创新驱动发展战略深入实施、数字中国建设加速推进，以及碳达峰、碳中和的目标要求，为未来产业提供了更大的发展空间

未来产业涵盖类脑智能、量子信息、未来网络与通信、生物技术、新材料、绿色技术、高端装备制造及交叉学科等可能产生重大颠覆性突破的技术领域，具有显著的创新及先发优势，能够构建集专利、知识产权、产品标准和产业商用于一体的完整生态，成为我国率先占领科技发展的制高点，建设科技强国的重要途径。同时，伴随全球掀起碳达峰、碳中和热潮[①]，带来一场由科技革命引发的经济、社会和环境的重大变化，碳达峰、碳中和目标要求必将倒逼工业领域技术创新。2020年，我国提出"二氧化碳排放力争于2030年前达到峰值，努力争取2060年前实现碳中和"。2021年10月，中共中央、国务院印发《关于完整准确全面贯彻新发展理念做好碳达峰碳中和工作的意见》，提出要加大基础理论研究和前沿技术布局，开展低碳零碳负碳和储能新材料、新技术、新装备攻关，培育一批节能降碳和新能源技术产品研发全国重点实验室、国家技术创新中心、重大科技创新平台，加快先进适用技术研发和推广等措施，为开展未来产业绿色低碳重大科技攻关和推广应用指明了方向。

[①] 据《博鳌亚洲论坛可持续发展的亚洲与世界2022年度报告——绿色转型亚洲在行动》，截至2021年12月底，全球已有136个国家、115个地区、235个主要城市和2000家顶尖企业中的682家制定了碳中和目标。

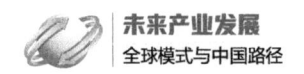

3. "一带一路"、RCEP、金砖国家等国际合作的深入开展，为我国未来产业利用国内国外两个市场、两种资源提供有力支撑

"一带一路"、《区域全面经济伙伴关系协定》（RCEP）、金砖国家等国际合作的深入开展为我国布局未来产业带来国际环境利好。一是通过更高水平对外开放，持续提高发展未来产业所需人才、技术、资本等要素"引进来"的力量。"一带一路"、RCEP、金砖国家等区域性经济合作的持续推进为我国未来产业的发展带来了广阔的空间。党的十八大以来，我国持续优化营商环境，尤其是在外部环境日趋复杂的大背景下，广阔且潜力巨大的中国市场对外部的吸引力与日俱增。二是不断提升我国未来产业"走出去"的竞争力和扩大潜在空间。市场是未来产业能否成长起来的决定性因素，在充分利用国内广阔市场的同时，把握"一带一路"、RCEP、金砖国家等带来的机遇至关重要。通过搭建中国国际进口博览会、中国进出口商品交易会等平台，以及在面对新冠疫情等不利因素时与相关国家守望相助，我国政府为企业加快融入区域及国际创新链、产业链、价值链，以及开拓海外市场打下了坚实的基础。

（二）挑战

1. 一些西方国家采用"小院高墙"策略对我国尖端科技和产业进行精准打击，对我国颠覆性技术突破造成一定影响

近年来，美国政府对华策略改变为针对特定技术和研究领域（所谓"小院"）设置了更高的技术门槛（所谓"高墙"）。美国政府持续强化未来产业的盟友合作，从而以"协调单边主义"确保自身在"小院高墙"中的领导力。

美国在一系列未来产业相关的立法和政策文件中，毫不避讳地将我国列为主要竞争对象。2020年10月，美国白宫国家安全委员会发布《关键和新兴技术国家战略》，提到了先进计算、先进的常规武器技术、人机交互、医疗与公共卫生、量子计算、芯片、太空技术等，其中芯片、航空航天、量子计算、人工智能、数据分析存储、生物等前沿科技领域，成为美国对我国实施"技术封锁"的重点。2020年11月16日，美国国会两党合作的中美科技关系工作小组发布《应对中国挑战美国的科技竞争新战略》，该文件提出在4个科技领域（基础科学研究、5G数字通信、人工智能和生物技术）重建美国在全球科技创新和技术标准制定方面的领导地位。《2021年迎接中国挑战法案》提出部署增强未来竞争力、巩固盟友及伙伴关系、强化价值塑造、加强经济管制、确保战略安全等举措。基于以上策略，我国未来产业一系列领域成为美国限制的重点，根据业界初步统计，2018年3月22日至2021年12月22日，我国共计611家公司、机构被纳入"实体清单"（Entity List），涉及生物技术、卫星技术、高级计算技术、脑机接口、量子信息和传感技术、高级材料、人工智能、机器学习技术等十几个颠覆性技术突破领域。

2. 统筹好"长期"和"短期"、"政府"和"市场"关系仍需深入探索

当前，我国未来产业培育仍面临统筹好"长期"和"短期"、"政府"和"市场"关系等挑战。一是我国资本市场"短平快"的现象比较普遍，难以满足未来产业发展所需的长期投入。金融资本倾向进入回报快、回报率高的产业领域，而未来产业尚处于萌芽期，产业规模小、盈利能力弱，需要持续投入大量资金，回报周期长且存在不确定性，难以吸引金融资本注入，从而丧失大量未来技术进步的机会。二是在未来产业的基础核心技术研发方面，现

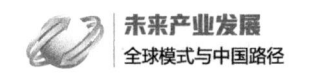

有科技金融机制仍然以政府补贴为主，产业私募基金、风险投资等市场主导的新型金融产品体系仍然缺乏，难以满足未来产业科技成果转化多元化、市场多层次化、细分领域个性化的资金需求。例如，除国家集成电路产业投资基金外，我国鲜有在量子科技、类脑智能等领域的宏观层面设立的产业引导基金，难以满足科技成果转化多元化、个性化的资金需求。相比而言，国外前沿科技资金来源广，市场资本参与度较高。例如，产业初期美国相关平台企业就通过设立内部未来研究实验室、开展前沿技术大奖赛等模式进行投资，德国弗劳恩霍夫应用研究促进协会、亥姆霍兹国家研究中心联合会、莱布尼茨科学联合会等科研机构也通过重点项目资助等方式获得了高达30%的社会资本。

3. 与未来产业创新相匹配的体制机制有待进一步完善

当前，我国与未来产业创新相匹配的体制机制还未形成比较成熟和完备的体系，科学研究和产业发展脱钩的现象比较突出。一是科技政策、创新政策与产业政策之间缺乏综合性、系统性、连贯性、稳定性，政策的瞄准性和有效性不足，这在很大程度上影响了未来产业的发展。二是在商业模式方面，我国还未建立起以市场化思维为导向，国家宏观财政与社会金融资本之间相互补充、相互协同的产业技术创新支撑模式。三是如何平衡创新与监管，是全球监管者面临的共同难题。监管不力会导致风险积累，而监管过度又会制约创新，总体而言开放性、包容性、适应性、试验性等共同特征是科技监管的未来趋势。国际上监管沙盒的快速发展为科技监管开辟了新思路。我国也在金融和汽车安全等领域进行了试点，但在未来产业领域如何引入，从而推动新技术、新应用、新模式的快速发展仍然是全新的课题。

4. 国际化发展合作与发展能力有待增强

发展未来产业逐步成为国际共识，我国在推进未来产业国际化和市场化进程，有效利用与整合全球资源过程中面临以下挑战。一是对应对国际市场技术标准壁垒缺乏充足的准备。美国政府高度重视对前沿技术提供场景测试、标准制定支持，以实现技术快速转化，美国交通部无人机集成试点计划（IPP）、NASA与Joby Aviation合作开展的"先进空中交通"（AAM）、美国空军飞行汽车等未来产业重点项目都将技术标准化作为重点内容。相比而言，我国部分前沿领域技术标准化工作相对滞后，参与国际标准制定的企业较少，缺乏相应的话语权。二是国际知识产权保护力度和竞争能力应快速提升。根据美国总统科技顾问委员会发布的《未来产业研究所：美国科学与技术领导力的新模式》，未来产业研究所资助重点项目并参与各部门和机构之间的数据、知识产权共享，对构建多部门资源共享、全球领先的知识产权体系意义重大。当前，我国未来产业相关政策大部分仍聚焦技术研发和场景培育，政企协同、行业联动的配套知识产权体系需进一步优化和完善。

第六章 | Chapter 6

多管齐下探索具有中国特色的未来产业高质量发展路径

第六章 | 多管齐下探索具有中国特色的未来产业高质量发展路径

布局和发展未来产业必须立足当前、着眼未来,坚持需求导向和问题导向,整合优化科技资源配置,面向世界科技前沿、面向经济主战场、面向国家重大需求、面向人民生命健康,着力解决我国经济社会发展、民生改善、国防建设面临的现实问题。在世界新一轮科技和产业革命同我国转变发展方式历史性交汇的今天,我们既面临千载难逢的历史机遇,又面临差距拉大的严峻挑战。我们要把握大势、抢占先机,直面问题、迎难而上,通过构建具有中国特色的未来产业发展路径,紧抓未来产业发展的机遇窗口期,力争抢占全球未来产业发展的制高点。

一、强引领,强化国家层面顶层设计和整体统筹

结合主要国家发展未来产业的经验举措及国内发展现状和需求,我国应在国家战略、体制机制等方面积极开展前瞻性顶层设计,针对我国未来产业重点领域的不同需求分类施策,形成政策合力,推进构建未来产业协同发展格局。

成立高级别的国家未来产业发展战略咨询机构。 设立未来产业研究和发展的专门机构是部分国家的创新措施,开展早期的技术预见、技术调查有利于确定未来产业发展方向和重点。建议成立高级别的国家未来产业发展战略咨询机构,前期工作聚焦未来产业发展方向的预测研判,为国家统筹布局未来产业提供前瞻性、科学性、战略性的高质量支撑;聚焦类脑智能、量子信息、基因技术、未来网络、深海空天开发、氢能与储能等未来产业领域,持续跟踪国内外产业发展态势和技术演进趋势,根据我国技术研发能力和产业

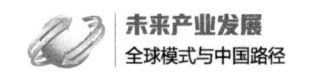

发展基础，构建细分领域的产业成熟度动态评估体系，为国家和地方适时调整重点发展方向提供指引。

尽快制定我国未来产业发展战略规划。研究出台国家未来产业发展战略，明确未来产业重点发展方向、培育方式、发展主体、重点任务、区域布局、要素保障和监管要求等内容，科学制定阶段目标和进行任务分解，全面推进未来产业发展；对标发达国家开展未来产业专项研究，确定未来产业细分领域的内涵和边界，制定重点领域的专项发展规划和技术路线图；进一步明确重点发展的细分科技领域和关键环节，出台更加具体的未来产业目录清单及发展指引，指导地方前瞻性开展未来产业规划。

探索中国特色未来产业发展体制机制。在国家科技重大专项、重点研发计划等中开展未来科技专项研究，完善适应颠覆性创新的研发组织模式，以及关键核心技术攻关新型举国体制；积极探索包容审慎监管、鼓励创新发展的"容错纠错"机制，为未来产业创造宽松的发展环境；强化竞争政策基础地位，建立健全竞争政策实施机制，研究出台系列未来产业促进法案，为未来产业营造良好的市场竞争环境。

创新和完善未来产业发展的支持政策。研究包括产业政策、金融政策、土地政策、人才政策和知识产权政策等在内的未来产业宏观政策体系，指导地方结合本地的产业基础和创新资源，有针对性地发展具有区域特色的未来产业；进一步研究六大领域中的重点产业，按照产品成长性、市场成长性的高低进行未来产业发展阶段识别和划分，针对重点领域制约产业发展的因素，分类、分阶段精准施策，打造未来产业专项政策体系。

推动形成未来产业协同发展格局。结合国内区域发展特色、创新优势资源和产业基础,统筹推进未来产业区域发展布局,谋划一批未来产业区域发展集群,既要避免各地一拥而上全面开花,也要避免资源过于集中。在现代产业基础雄厚和创新要素集聚的长三角、京津冀、粤港澳等地区,加快科创中心建设,重点布局一批国家未来产业技术研究院,加快培育世界级未来产业集群;在科教资源优势突出且经济较发达的成渝地区双城经济圈、武汉及长株潭都市圈、中原及关中平原城市群等地区建设区域科技创新中心,打造科技创新高地,推动区域产业链与创新链深度融合,积极承接未来产业、战略性新兴产业布局和转移,实施未来产业跨界融合示范工程,打造未来技术应用场景,加速形成若干未来产业集群。

二、强生态,构建多元参与、集聚共生的产业环境

未来产业的发展成熟度相对较低,自身生态系统还不完善,处于产业培育的早期,需要政府、科研院所、企业和用户等主体共同参与,打造协同创新环境,构建引领开放的产业生态。

加快建设未来技术创新平台。 持续完善基础科技创新合作模式,建立政府、学术界、企业等多元主体参与的未来产业联合创新机制,鼓励资源优势突出的高校、科研院所、企业、民间智库等设立未来产业研究院所、未来技术研发机构、未来产业实验室、未来产业智库等创新平台,探索建设 批跨领域、跨机构、贯通创新链的未来产业创新联合体,开展未来技术合作平台建设,打造各类创新资源融合贯通的未来范式,开展多维度未来技术和产业发展研究。

完善未来产业公共服务体系。支持新型研发机构、科研院所、高校及第三方中介机构等加快科技创新成果转化主体建设，探索成立新型科技成果转化机构，开展未来技术成果产业化试点，探索构建创新成果产业化新机制，形成以科技成果转化为标准的评价和服务体系。围绕未来产业重点领域和重点方向，加快建成一批专业水平高、保障能力强的产业公共服务平台，提升检验检测、认证认可、交流合作等服务能力，形成高效协同的创新生态；针对未来产业基础共性、行业通用等标准规范，加快在重点领域成立行业标准组织、产业联盟，积极主导和参与重要国际标准制定。

完善激励创新的政策环境。在完善研发费用加计扣除、高新技术企业税收优惠等普惠性科技创新政策的同时，在未来产业重点方向出台激励科技型中小企业创新的更大力度的税收和补贴优惠政策，支持大中小企业融通发展。围绕航空航天、船舶、汽车、机械、电子、医疗等重点装备领域，拓展首台（套）重大技术装备保险补偿和激励政策的范围，优化申报流程；通过政府采购、财税支持、产业链金融、试点推广等政策手段，支持大胆探索未来产业新技术、新产品。

促进未来产业规模化发展。加快培育未来产业核心企业，支持具备"换道超车"潜力和符合条件的企业申请"小巨人"、瞪羚、独角兽、单项冠军、质量标杆企业等认定，通过技术集成、资源整合和资本运作等方式，推动产业链上中下游集群式发展；以重大项目建设为引领，加快产品成长性与市场成长性均较高的未来产业市场培育，促进未来产业规模化发展，推动未来产业相关产业链企业集聚发展。

三、强要素，建立与未来产业发展相适应的要素供给体系

未来产业具有风险大、投入大、周期长的特点，多元化的要素投入能够降低发展未来产业的风险。应注重政府研发投入、政府补助、企业投入、风险投资、银行信贷等要素供给升级与创新，有效保障未来产业发展潜力。

增加关键要素投入。 对标发达国家，科学、合理地增加前沿领域全社会研究与试验发展经费投入，加大面向未来产业的基础研究财政投入，针对高新技术企业和专精特新"小巨人"等各种创新型企业，加大对重点未来技术领域研发的财政补贴和扶持力度；推动国家科研平台、科技报告、科研数据进一步向公众开放，鼓励将符合条件的由财政资金支持形成的科技成果许可给中小企业使用；发挥重大工程牵引示范作用，对具备技术前瞻性的未来产业企业，通过资金支持、风险补贴等手段加以扶持，帮助先行企业构筑产业基础设施；研究未来产业用地模式，探索适合区域集聚、网络协同等不同阶段和不同类型未来产业发展的灵活多样的用地策略。

强化金融支持力度。 多元化的资金投入能够降低发展未来产业的风险。我国需要调动政策性金融、商业投资机构、社会资本等各类金融主体，搭建多元化融资平台，创新企业融资方式和金融服务模式，保障未来产业发展资金来源多元化；设立未来产业投资基金，参考国家集成电路产业投资基金的成功模式，确保基金稳定运行。此外，我国还应支持地方部门协作建立未来

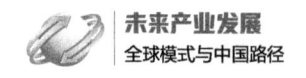

产业"种子基金",以撬动社会投资;畅通未来产业领域企业国内上市融资渠道,鼓励进行天使投资、创业投资,更好地发挥创业投资引导基金和私募股权基金的作用,完善未来产业市场化投融资服务体系。

培育未来产业发展主体。鼓励资源优势突出的高校、科研院所、企业研发中心、科技产业孵化平台、民间智库等整合各类创新资源,设立未来产业研究院所、未来技术研发机构、未来产业实验室、未来产业智库等创新载体,加快未来技术创新平台建设,开展多维度未来技术和产业发展研究;加快未来产业企业梯队建设,推动形成未来产业初创企业(团队)、创新型中小企业、专精特新中小企业、专精特新"小巨人"企业、科技型领军企业等未来产业企业梯队。

加大原创性和突破性技术供给。提升我国基础研究投入比重,鼓励开展卷积神经网络算法等基础底层科学研究新理论、新方法、新领域的探索,大幅提高原始创新水平,加速摆脱应用技术创新的"路径依赖";创新科研体制和激励机制,培育更有活力、创造力和竞争力的科技创新主体,健全新型举国体制,聚焦具有重大突破性和颠覆性特征的未来关键技术,形成推动攻克关键核心技术的强大合力,加大未来产业重点领域关键技术供给。

四、强示范,以应用示范驱动技术和产业化升级

开展试点示范是我国改革开放的宝贵发展经验。发展未来产业需要聚焦人工智能、量子信息等重点领域,大力培育头部企业和标杆企业,大力开展

场景创新，加快未来产业创新成果转化，打造未来产业发展先导试验区，加快未来产业培育发展。

提升未来技术场景创新能力。积极对接未来技术供给和需求，扶持行业级、场景级系统解决方案供应商，大力开展场景创新，加快未来产业创新成果转化，为量子信息、基因技术、未来网络、深海空天开发、氢能与储能等未来技术创新提供安全快捷的测试环境；以企业为主体，建设一批覆盖研究开发、中试验证、场景应用等全链条的未来产业中试中心，推进未来技术在多场景、多行业领域的应用和有效验证；加速未来技术在真实场景中的应用和迭代，构建全球化未来产业创新试验平台。

打造未来产业典型应用场景。聚焦应用范围广、带动能力强的典型未来技术应用场景，支持开展未来产业跨界融合示范工程，加大未来技术跨学科、跨领域和非常规拓展应用，构建多领域、多维度场景创新体系，加快探索可复制、可推广的商业模式；开展"未来工厂"试点建设，开发未来制造应用场景，搭建标准化验证平台，引领新一轮智能制造技术革新；围绕民生服务，开发未来"智慧民生"应用场景，建设未来技术生活应用体验馆和展示平台，推动未来产业在民生领域的应用和迭代。

鼓励先行先试。支持粤港澳、长三角、京津冀等科技创新资源密集的地区，打造一批人工智能、量子信息、元宇宙等未来产业先导试验区，开展产业培育试点示范，获取可推广的经验；重点支持具备"换道超车"潜力的未来产业，大力培育一批未来产业头部企业和标杆企业，发挥政府采购的需求侧引导功能，通过技术集成、资源整合和资本运作等多种方式，推动产业链上中下游、大中小企业融通创新。大力扶持未来产业初创型中小企业集聚发

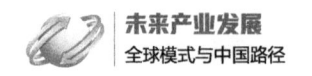

展,加大对人才、技术、资本等创新要素的支持力度,着力培育一批未来产业新兴企业。

统筹区域布局。结合区域产业发展特色和优势,鼓励地方先导区特色发展、错位发展,着力选择未来产业的细分领域,积极融入全国乃至全球未来产业体系,在细分领域形成优势产品体系和核心竞争力,打造一批特色鲜明的未来产业发展先导试验区。

开展沙盒试点。鼓励在试验区探索开展未来产业重大技术创新监管试点,统筹协调国家发展和改革委员会、科学技术部等有关部门,在监管沙盒框架下进一步创新和完善部门间、行业间的监管协调工作机制;按照鼓励创新的原则,实行包容审慎监管,重点为未来科技创新提供安全快捷的测试环境,推动创新与监管的良性互动,使未来技术在真实场景中加速迭代。

五、强人才,完善未来产业人才"引培用评"体系

未来产业的发展依赖科技创新人才,很多国家均在加强基础教育、引进人才及加强培训等方面积极行动。针对未来产业发展的人才需求,我国应在人才机制、人才培养和人才引进方面进一步创新,营造适合未来产业人才发展的环境。

创新人才机制。完善人才培养、引进、管理和评价等机制,加大对未来产业重点领域基础性研究、共性技术研究人才的支持力度,激发高层次创新人才的创新活力和动力,提高对人才的吸引力;建立与未来产业发展相匹配

的特殊人才选拔和评价机制，通过竞技竞赛、破格推荐等补充措施选拔特殊人才，建立多主体、多角度、多形式的人才评价机制。

加强人才培养。鼓励高校加快未来技术学院、未来产业研究院、未来技术实验室等科研院所建设，加大面向未来产业的基础研究和教育投入，科学设置未来技术相关学科，系统培养具有交叉复合背景的未来产业高层次人才；探索以企业为主体开展前沿科技人才培育的模式创新，聚焦数字、计算机、物理、材料、芯片、智能制造、化学等领域，通过设立专项基金或者重点项目支持等方式，支持企业开展特色、专项前沿科技人才等培育工作，打造"科教产"融合的人才培养体系。

抓好人才引进。引进全球科技人才，可提高产业发展潜力，快速积累关键核心技术，加速未来产业发展。应鼓励国内外高端人才流动和引进，聚焦关键基础理论、前沿科技和战略性新兴产业等人才缺口较大的领域，进一步强化薪酬激励、住房、医疗、子女教育等方面的配套措施，健全以科技为导向的人才战略。

六、强合作，构建国内国际双循环创新体系

未来产业发展需要以开放的姿态，积极地寻找国内外互补的技术、人才、材料、资本和渠道等资源，通过开放合作完善产业链和创新链，提升创新效率，增强竞争优势。

打造开放合作平台。坚持科技是第一生产力、人才是第一资源、创新是第一动力，深入实施科教兴国战略、人才强国战略、创新驱动发展战略，加

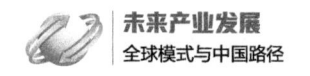

快前沿技术多路径探索，加大融合性和原创性技术供给，推动创新资源向未来产业集聚，构建未来产业人才培养、基础研究、产品开发、商业应用、产业化、效益化全流程闭环的协同创新发展体系，实现产业链、创新链、人才链、教育链"四链"深度融合；建立全国性或区域性的未来产业发展交流机制或平台，加强全国各地未来产业发展重点、思路、方法、政策等先进经验做法的交流和共享，避免各种创新资源重复投入，尽量实现各地区差异化和特色化发展。

加强国际交流合作。鼓励支持国内企业、高校、科研院所参与未来产业国际标准制定，支持行业龙头企业牵头建立细分领域未来产业技术和产业联盟，推进国际标准化活动及标准研制，推广我国优势技术标准，提高我国在未来产业关键领域中的规则制定能力。持续扩大对外开放和交流，主动融入全球科技创新网络，支持国内外未来产业重大技术领域开展多种形式的人才交流，鼓励国内高校和科学家积极参与各种国际科技合作计划，争取主导关键的国际大科学计划和大科学工程，积极利用国际创新资源；积极推进创新区域合作，加强"一带一路"、RCEP区域一体化创新建设，与更多国家和地区合作建设面向沿线区域国家和地区的科技创新联盟及科技创新基地，通过国家合作、区域合作、企业合作等多种形式降低海外知识产权和政策风险。

利用内外资源。立足国内大市场，以国内大循环吸引全球资源要素，充分利用国内国际两个市场两种资源，重点利用好我国未来产业发展所需的资本、技术和科技人才等资源，在全球范围内构建未来产业发展所需要的要素供给、创新供给、生产供给体系及全球市场；通过全面扩大开放实现国内国际市场的深度融合，强化国内外产业链供应链的关联和互动，积极构建"你中有我、我中有你"的产业链供应链格局，争取在未来产业部分关键环节确立产业优势，形成以国内为核心，内外兼顾的产业链供应链格局；疏通制约要素国内外双向流动的堵点，畅通未来产业技术、人才、资金等要素的全球化供给，创新支持未来产业的金融产品和服务，增强多层次资本市场的融资功能。

附录A

未来产业成长性象限评估相关表格

附录 A | 未来产业成长性象限评估相关表格

表 A.1 未来产业成长性评估结果统计表

未来产业领域	细分产业	产品成长性（PRL）	市场成长性（MML）
信息技术领域	量子智能计算	1	3
	脑科学与类脑智能	1	1
	多模态智能	4	4
	沉浸技术	4	4
	自主无人系统	4	2
	跨媒体感知计算	1	2
	类脑智能计算	1	2
	群体智能	3	1
	混合增强智能	1	1
	未来网络	1	1
	6G 通信	1	1
	太赫兹	1	1
先进制造领域	先进制造技术智能设备	2	2
	尖端材料制造	2	2
	无人驾驶	2	3
	新型传感器	2	1
	工业机器人	3	4
生命健康领域	基因与细胞技术	2	4
	早期诊断和精确医学	2	2
	生物育种与生物制造	4	2
	生物合成	1	2
	靶向递送	2	3
	人造器官	2	2
	生命信息解读	1	1
	全新剂型及高端制剂	4	3
	精准药物开发	2	3
深海空天领域	现代海洋与生物	2	3
	超高音速技术	2	3
	太空推进技术	2	1
	深海装备	2	2
	海上无人装备	3	3
	海洋电子信息	3	2

127

续表

未来产业领域	细分产业	产品成长性（PRL）	市场成长性(MML)
深海空天领域	空天信息	2	2
	先进遥感	2	2
能源环境领域	低能耗技术	1	2
	低碳工业	2	2
	低成本核能	2	2
	可持续生物燃料	2	2
	无碳氢技术	1	2
	可控核聚变技术	1	2
	高能量密度储能	2	5
新型材料领域	先进高分子材料	2	3
	高端金属结构材料	3	3
	新型无机非金属材料	3	3
	高端锂离子电池负极材料	3	4
	先进复合材料	3	2
	快速反应形状记忆合金材料	4	4
	高熵合金	2	3
	石墨烯基新材料	2	4

表A.2 未来产业象限评估专家打分表

未来产业重点领域	信息技术、先进制造、生命健康、深海空天、能源环境、新型材料
所属领域细分产业	信息技术：□量子智能计算　□脑科学与类脑智能　□多模态智能…… 先进制造：□先进制造技术智能设备　□尖端材料制造　□无人驾驶…… 生命健康：□基因与细胞技术　□生物合成　□靶向递送　□人造器官…… 深海空天：□太空推进技术　□深海装备　□海上无人装备…… 能源环境：□低能耗技术　□低碳工业　□低成本核能　□无碳氢技术…… 新型材料：□先进高分子材料　□新型无机非金属材料　□先进复合材料……
技术成长性评估准则	□观察或看到支撑该技术的基本原理　□提出将基本原理用于系统中的设想 □关键功能初步通过实验室环境验证 □部件级实验室产品通过实验室环境验证 □初级产品通过模拟使用环境验证　□高级演示产品通过模拟使用环境验证 □原型产品通过典型使用环境验证　□试行产品通过测试和交付试验 □试行产品通过小规模应用验证　□试行产品通过规模化应用和考验

附录 A ｜ 未来产业成长性象限评估相关表格

续表

制造成长性评估准则			□确定制造内涵
			□确定制造方案
			□制造方案的可行性得到初步验证
			□能在实验室环境下制造样件
			□能在生产环境下制造原型部件
			□能在一般生产环境下制造原型系统或子系统
			□能在典型小批量生产环境下制造系统、子系统或原型部件
			□初试生产线通过验证，具备初试生产能力
			□初试生产能力通过验证，准备开始中试生产
			□中试生产能力通过验证，转向规模化生产
未来产业成长性评估准则	市场成长性评估准则	研发潜力	新型研发机构数量
			□暂无相关研究机构出现
			□针对某一领域形成初步探索，研发机构初创
			□研发力度有所增加，研发机构逐渐增多
			□研发力度持续增加，研发机构随之增多
			□研发机构数量出现突破，初步形成多领域研发体系
			研发人员数量
			□未来产业定位不明确，研发人员明显不足
			□研发人员有所增加
			□研发人员进一步增加，研发团队初现
			□研发人员不断增加，研发团队不断壮大
			□研发人员持续增加，初步形成全链条式研发架构
		发展环境	产业园区数量
			□暂无企业布局相关产业
			□研发生产只集中在少数企业
			□产业园区初现
			□产业园区数量不断增加，规模不断扩大
			□产业集中性愈发强烈，初步形成具有较强产业特色的多类型园区
			政策体系完善程度
			□尚未出台相关政策文件　□开始进行政策体系探索
			□思考前瞻布局　□编制出台相关文件
			□政策体系相对完善
		市场潜力	产品竞争力
			□预期具有较强的竞争力　□竞争力优势初现
			□竞争力优势显现　□竞争力优势明显
			□竞争力优势持续增强
			进入壁垒
			□技术壁垒极高　□技术壁垒高
			□技术壁垒降低　□进入壁垒转而增强
			□进入壁垒较高

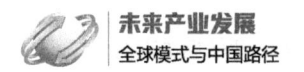

续表

未来产业成长性评估准则	未来产业成长性评估结果	成长性	等级									
			1	2	3	4	5	6	7	8	9	10
		技术成长性										
		制造成长性										
		市场成长性						—	—	—	—	—
联系人						联系电话					

130

反侵权盗版声明

电子工业出版社依法对本作品享有专有出版权。任何未经权利人书面许可，复制、销售或通过信息网络传播本作品的行为；歪曲、篡改、剽窃本作品的行为，均违反《中华人民共和国著作权法》，其行为人应承担相应的民事责任和行政责任，构成犯罪的，将被依法追究刑事责任。

为了维护市场秩序，保护权利人的合法权益，我社将依法查处和打击侵权盗版的单位和个人。欢迎社会各界人士积极举报侵权盗版行为，本社将奖励举报有功人员，并保证举报人的信息不被泄露。

举报电话：（010）88254396；（010）88258888
传　　真：（010）88254397
E-mail：　dbqq@phei.com.cn
通信地址：北京市万寿路173信箱
　　　　　电子工业出版社总编办公室
邮　　编：100036